# 미래비전 Ⅰ
### 더 이상 당파싸움은 안됩니다.
## FUTURE VISION Ⅰ
#### We must have no more partisan fighting.

서경례 저

보이십니까?  
대한민국 국회의원들이여!  
지구촌이 불타고 있습니다.

국민이 바라보는 당신은 희망입니까?  
아니면 싸움꾼입니까?  
우리는 함께 전진해야 합니다.

Do you see?  
Members of the National Assembly of Korea!  
The global village is on fire.

Are you the hope?  
Or are you a brawler?  
We must move forward together.

Justice Broaden Contents

**Seo Kyung-Rye**
JB Contents Research Institute
Mediator of Suwon High Court
Writer, poem "Our songs"
seu553600@naver.com
Jbcri2020@gmail.com

# 미래비전 I

| | |
|---|---|
| **저 자** | 서경례 |
| **발행인** | 서경례 |
| **편집인** | 서경례 조덕호 |
| **번역인** | 서경례 |
| **발행처** | Justice Broaden Contents |
| **발행일** | 2023.09.08. |
| **주 소** | 경기도 용인시 기흥구 중부대로 184, 힉스유타워 A동 2402호(영덕동) |
| **디자인·인쇄** | (주)명진씨앤피 |

**값** 33,000원

ISBN 979-11-974750-1-6  04300
ISBN 979-11-974750-7-8  (세트)

# CONTENTS

| | | | |
|---|---|---|---|
| 사람의 느낌/Human feeling | • 006~007 | 대장동 사건을 바라보며(1~14)/Looking at the Daejang-dong Criminal Case | • 124~153 |
| 코미디극장이라도 회장님/Chairman of the Comedy Theater | • 008~009 | 옷의 지혜/Wisdom of clothes | • 154~155 |
| 여행가는 이유/The reason for going on a trip | • 010~011 | 대장동 사건을 바라보며(15~27)/Looking at the Daejang-dong Criminal Case | • 156~186 |
| 바람피우는 남편/Husband having an affair | • 012~021 | 하나씩 풀어야만/We must solve one by one with the truth | • 188~189 |
| 질투에 대하여(1~2)/About jealousy | • 026~028 | 대장동 사건을 바라보며(28~38)/Looking at the Daejang-dong Criminal Case | • 190~218 |
| 중재안/Arbitration | • 030~052 | 물리학인지 철학인지?/Is it physics or philosophy? | • 220~221 |
| 철학/Philosophy | • 054~057 | 대장동 사건을 바라보며(39~43)/Looking at the Daejang-dong Criminal Case | • 222~234 |
| 바이든 대통령에게 드리는 글/A letter to President Biden | • 058~083 | 여성의 진화/Evolution of Women | • 236~239 |
| 존경/Admire | • 084~085 | 대장동 사건을 바라보며(44~55)/Looking at the Daejang-dong Criminal Case | • 240~269 |
| 거울의 지혜/Wisdom of Mirrors | • 086~091 | 준비된 나라/Prepared country | • 270~271 |
| 인정에 대하여/About recognition | • 092~095 | 대장동 사건을 바라보며(56~60)/Looking at the Daejang-dong Criminal Case | • 272~287 |
| 우리 생각은 어디까지 변할까?/How far will our thoughts change? | • 096~097 | 사랑하는 이여!/Dear one! | • 288~289 |
| 돈만 있으면 뭐든지 다 된다?/Anything is possible with money? | • 098~099 | 환경 변화/Environmental change | • 290~291 |
| 현실 진단/Reality diagnosis | • 100~101 | 대장동 사건을 바라보며(61~62)/Looking at the Daejang-dong Criminal Case | • 292~295 |
| 사랑이란?/Love is? | • 102 | 지식인 수난시대 | • 296 |
| 시대 변화/Era Change | • 104~109 | 지식인/Intellectual | • 298~299 |
| 질투에 대하여(3~5)/About jealousy | • 110~115 | 존중에 대하여/About respect | • 300~301 |
| 강아지를 왜 키울까?/Why Raise a Dog? | • 116~121 | | |

# 사람의 느낌

오후 7시경 운전하면서, 붉은
계란 노른자 같은 석양의 지는
태양을 바로 앞에서 보면서
핸들을 잡고 있었어요.

매일 뜨고 매일 지는 태양을
별로 생각하지 않고 삽니다만
빨갛고 동그란 것이 예쁘기는
엄청 예쁘게 아래로 떨어지네요.

10분 정도 떨어지는 해를
보면서 달리는데요.
아무리 해도 달리는 차의
속도만큼 빠르게 느껴지지는
않았습니다. 그런데

지구의 자전 속도는 시속 1,660km
빠른 속도가 상상이 가십니까? ㅎ

비행기보다 빠르게 휙 돌고 있는
지구를 느낌으로는 전혀 느껴지지
않았습니다. 지구 중력이 안전하게
우리를 잘 잡아주고 있어서 참
다행이에요.
안 잡아주었더라면 다들 허공으로 ~^^
이성과 감성은 확실히 다르지요.

2021.07.29./서경례/어제와 다른 것은 무엇일까?

# Human feeling

Around 7pm, I was driving,
holding the steering wheel,
watching the setting sun right
in front of me like red egg yolk.

I live each day without much thought
of the rising and setting sun,
Yet that red breathtaking marvel
descends beautiful, painting the horizon
with its exquisite farewell.

I run while watching the sun fall
for about 10 minutes.
No matter how much I thought
about it, it didn't feel as fast as
the speed of a running car.

However, the Earth's rotation
speed is 1,660km/h.
Can you imagine how fast it is?

I couldn't feel the earth spinning
faster than an airplane.
It's a relief that Earth's gravity is
holding us safely.
If I hadn't caught them,
what would have happened to
me all scattered into the air?
Reason and emotion are
definitely different.

2021.07.29./Seo Gyeong-rye/What is different from yesterday?

# 코미디극장이라도 회장님

회장님 회장님 우리 회장님
회장님이 요즘 많습니다.
카톡에서도 전부 회장
무슨 모임에서도 회장 등

회장님 소리를 한 번 들을 때마다
그것이 비록 코미디극장이라도
받아먹은 빚은 쌓여가는 것.
지도자 호칭은 그런 것입니다.

결코 책임이 가볍지 않은 것임을
안다면 상대를 위해서 함부로
부르는 것도 듣는 것도 절제를
함이 좋을 것입니다.

제일 좋은 방법은 회원들을 잘
이끌어 회장님으로서 존경받는
마지막 모습을 보여주는 것.

2021.08.02./서경례/코미디극장이라도 회장님

○○Jeon   아름다운 여인 당신의 표현 말씀
이 시대 딱 맞는 옳은 말씀입니다.
아름다운 여인 만사형통 행운을 빌겠습니다.
반갑습니다. 고맙습니다. 감사합니다. 사랑합니다.
금수강산 자유 대한민국의 촌놈 올립니다. ^^

# Chairman of the Comedy Theater

Chairman, Chairman, our Chairman
There are many presidents these days.
President of SNS In any meeting,
every time I hear the voice of the
chairman, etc.

Even if it is a comedy theater,
the debt it has received is piling up.
That's what a leader's name is.

If you know that responsibility is
never light, it would be good to
exercise restraint in calling
and listening to others carelessly.

The best way is to lead the
members well and show your
last appearance as a respected
president.

2021.08.02./Seo Gyeong-rye
/Chairman of the Comedy Theater

○○**Jeon**  Beautiful woman! your expression words
It is the right word that is perfect for this era.
Beautiful woman, I wish you all the best of luck.
nice to meet you thank you
I'm uploading this as a hick from Korea.^^

## 여행가는 이유

여행을 가는 것은
여행지를 공부하는 것입니다.
업무차 여행을 하든
관광차 여행을 하든
개인 사정있어 가든
모든 여행은 여행지에 대해
하나라도 알기 위해 가는 것입니다.

그럼에도 불구하고
야! 경치 좋다!
그 기억 얼마나 갈까요?
여행지가 아무리 좋아도
사람에 대한 기억만큼
뇌리에 남지는 않습니다.
다시 말하면
여행지와 그 곳의 사람들을
새롭게 알기 위해 가는 것이지요.

우리는 그동안
여행하러 이동하면서
그곳의 상대방과 여행지역을
공부하지는 않았던 것입니다.

결국은 코로나에 묶여서
새롭게 공부하고 있음이니
차제에 다시 다른 곳에
여행을 가고자 할 때는
반드시 그곳에 대해서
관심을 가져야겠어요.

관심을 가지면
지역이든 사람이든 다르게
느낌이 전달됩니다.

2021.08.10./서경례/여행을 가는 이유

# The reason for going on a trip

To travel is to study
the destination.
Whether you are traveling
for business or pleasure
All travel is to learn about
the destination.

hey!
nice view! How long
will that memory last?
No matter how good
the destination is,
it doesn't stay as
memorable as the
memory of the person.

We haven't studied the other
area while traveling. Next time
we want to go on a trip,
we must pay attention to it.

if you care
Whether it is a region or
a person, the feeling is
conveyed to us differently.

2021.08.10./Seo Gyeong-rye
/The reason for going on a trip

# 바람피우는 남편(1/3)

바람은 왜 피울까요?
요즘은 배우자 있어도 대놓고
여자 소개해 달라고 말합니다.

또는 다들 애인이라는 상대가
있는 것 같습니다. 요즘 모텔이 많지요.

요즘은 유부녀들도
남편 몰래 애인 찾아
산으로 들로 헤매고 다닙니다.

도대체 왜?
사람들이 바람을 피울까요?

바람피우는 것을 드라마에서 보니,
나쁜 X, 나쁜 놈으로 말하더라고요.
뭐라더라
"주인 있는 남의 남자는
건드리지 말았어야지."
등의 대사가 있습니다.

바람피우는 남자는 나쁜 놈인가?
그런 상대방 여자는 남의 남자
빼앗은 나쁜 X인가?
여러분은 어떻게 보십니까?

2021.07.16./서경례/불륜관계가 많은 시대

# Husband having an affair(1/3)

Why do humans cheat?
Nowadays, people ask to introduce
their lover even if they have a spouse.

Or maybe you have a partner
called a lover.

These days, even married women
wander around looking for a lover
without their husbands knowing.

Why the hell?
Will people cheat?

I saw in the drama, one side
was called the bad × and the bad guy.
What did the author say?
"You shouldn't have touched
someone else's man who has an owner."
There are lines in the play, such as.

Is the cheating man the bad guy?
Is such a partner woman a bad ×
who stole someone else's man?
How do you see it?

2021.07.16./Seo Kyung-rye/The era of many affairs

김○○   주변에 많이 보고 있죠. ㅋ
/ I see a lot around.

장○○   자식이나 아내에게 말 못 할 사연이 있고, 아내가 채워주지 못하는 빈 공간
/ He has a story he cannot tell his children or his wife.
The empty space his wife couldn't fill,

이○○   걸리지 말고 피우세요. ~~
/ Don't get caught and do it secretly. ~~

김○○   이야깃거리가 무궁무진하네요. ㅎㅎ
/ There are endless things to talk about.^^

안○○   그러게 말입니다. 미쳐가는 사회현상이지요.
/ It is a social phenomenon that is going crazy.

김○○   인생이 다 그런 거지 그냥 서로 속고 사는 거지요. ~^^ㅎ
/ life is just like that, and we're just being deceived by each other. ~^^

백○○   인간도 동물로 바뀌어가고 있으니까요. 인간도 동물인가 헷갈림~
/ Humans are also turning into animals. I wonder if humans are animals too.

송○○   남자는 생리적으로 그냥 많은 섹스를 원하고 새로운 여자만 보면
껄떡대게 하는 구조라 그런가 봅니다.
근데 개중엔 여자도 껄떡대는 유전적 변이가 늘고 있나 봅니다.
/ Men physiologically just want a lot of sex, and when they see
a new woman, I think it's because of the structure. But among humans,
there seems to be an increasing number of genetic mutations
that even women struggle with.

# 바람피우는 남편(2/3)

### 1. 바람피우는 것이 나쁜 것인가?

바람피우는 분들에게
필자가 묻습니다. 좋지요?
그래서 바람을 피우는 것입니다.

얼마만큼 좋은 것일까?
시간을 내고, 돈을 쓰는 것만큼
좋은 것입니다. 만일에 바람피우는 것이
싫은 것인데 하라고 하면 하겠습니까?

당사자한테는 분명 좋은 것입니다.
얼마나 재미있고 좋겠습니까?
그러니 돈도 쓰고, 차도 사주고,
모텔에도 가고, 배우자한테 거짓말도
하는 것이고, 여행도 같이 가지요.

여러분들께 묻겠습니다.
여러분들이 싫어하는 것에 돈을 쓰십니까?
여러분들은 절대로 좋아하지 않는 것에는
돈을 쓰지 않습니다.

바람피우는 것을 나쁘다고 말하는 사람은
바람피우는 사람의 배우자 되는 사람들이
말하는 것입니다.

그런데 여성도 요즘은
맞바람을 피운다고 하지요?
남녀 간 불륜은 상대가 있어야 가능한 것.
원래부터 여성도 그 수만큼은
있었던 것입니다.

그럼 그 여성한테 물어보면 좋다고 합니다.
사람은 당사자한테 좋은 것이 아니라면
절대로 하지 않는 본성을 가지고 있습니다.

그러니 바람피우는 것을 나쁘다고 말한 것은
어느 일방의 상식과 편견이 됩니다.
진리가 아니라는 것이지요.
-계속-

2021.07.17/서경례/일방의 편견으로 볼 때의 관념

# Husband having an affair(2/3)

## 1. Is cheating bad?

Cheating is not a bad thing.
To those who cheat, I ask. Is it okay?
So he's cheating.

How good is it?
It's as good as taking your time
and spending money. If it's something
you don't like, would you do it?

It's definitely a good thing for him.
How fun and good would it be?
So you spend money, buy a car, lie
to your spouse, and go on a trip together.

I'll ask you guys.
Do you spend money on things
you don't like?
You never spend money on
something you don't like.

People who say cheating is bad
are talking about their spouses.

But you say women are
also having an affair these days?
Originally, an affair between a man
and a woman was possible only
with a partner, so from the beginning,
there were only that number of women.

Then if I ask the woman, she says
it's okay too. Humans have the nature
to never do anything unless
it's good for them.

So, saying that cheating is bad is a bias
on the other side. That's not the truth.
-continue-

2021.07.17/Seo Kyung-Rye/The idea of one-sided prejudice

| 유〇〇 | 정확한 논리입니다. 부부간에 서로 모르면 다 좋은 거예요. 알려고도 하지 말고. |
|---|---|
| 〇〇Kim | 상대성 이론이 여기에 적용될 줄은~~ ㅎㅎ |
| **서경례 〇〇Kim** | **눈치도 빠르십니다. ㅎㅎ ♥** |
| 홍〇〇 | 바람피우는 것은 여자의 책임 일지도 모릅니다. 부부관계가 안 좋은 팀들이 대부분 많습니다. |
| **서경례 홍〇〇** | **와우 여자 책임 맞습니다. ㅎㅎ ♥ 그런데, 여자가 바람피우는 것은요?** |
| 홍〇〇 서경례 | 남자의 책임 |
| 김〇〇 | 역지사지 분명 어느 쪽이든 한쪽은 슬프고 또 한쪽은 기뻐할 것이다. 재미있는 글이나 많은 생각을 하게 하네요. |

| 〇〇Yoo | That's the correct logic. It's all good if the couple doesn't know each other. Don't even tell each other. |
|---|---|
| 〇〇Kim | I didn't know that the theory of relativity could be applied here. |
| **Seo Kyung-rye 〇〇Kim** | **You are so smart.** |
| Hong 〇〇 | It may be the woman's responsibility to have an affair. Most badly married teams do that. |
| **Seo Kyung-rye Hong〇〇** | **Wow female responsibility. By the way, what about a woman cheating on you?** |
| Hong〇〇 and Seo Kyung-Rye | A man's responsibility |
| Kim〇〇 | It's definitely a sad story either way. The other will be happy. It's an interesting article and makes me think a lot. |

# 바람피우는 남편(3/3)

## 2. 바람피우는 사람은 나쁜 사람인가?

아마도 우리 페친 분들도 많은 이들이
바람피우는 중에 있을 것입니다.
이들이 나쁜 사람들일까?
추악한 욕망을 지닌 사람들일까?
아마도 동의하기가 어려울 것입니다.
나쁜 사람들이 아니기 때문입니다.

추악한 욕망을 지닌 사람은 더더욱 아닙니다.
앞에서 말씀을 드렸듯이 이들은 자신이
좋아하는 것을 찾아가고 있는 것입니다.
연일 TV 방송에서는 벌거벗은 연예인들이
섹시하게 다리를 내놓고 신체를 드러내고
있습니다.

거기다가 드라마에선 연일 남녀 간의
불륜 드라마로 사람들을 교묘하게
자극하고 이끌고 있었던 것입니다.
그래서 배운 대로 좋은 것을 찾아서
했는데, 잘못된 것이 하나도 없네요.

아내의 존재가 자랑스럽거나 인덕이 있고,
행색이 우아하면 이런 부인을 두고
바람피우는 사람은 없습니다. 아내가
도망갈까 봐 오히려 붙어 있으려고 합니다.

내가 찾는 것이 있는데, 배우자한테
나오지 않을 때, 즉 무언가를 찾으러
이리저리 다니는데 그것을 모르니
이성을 찾는 것입니다.

다시 말하면 사람이라는 존재가
새로운 지식을 찾아서 헤매는 것입니다.
사람을 구성하는 물질인 육체는 음식으로
보존이 되지만 정신적인 것은 음식으로는
채워지지 않습니다.

그래서 대체적으로 여성은 교회로 찾아가고,
남성은 골프장 가는데, 어떤 사람은 이성하고
바람을 피우러 갔었던 것입니다.
따라서 자기의 진짜 역할을 찾는 순간
바람기는 저절로 힘이 빠집니다.

2021.07.17./서경례/자신의 존재의미를 찾는 것

# Husband having an affair(3/3)

### 2. Is cheating a bad person?

Perhaps many of you are still cheating.
Are these bad people?
Are they people with ugly desires?
Perhaps you will find it difficult to agree.
Because they aren't bad people.

As I said before
They are looking for something they love.
On TV broadcasts every day, naked celebrities are showing off their bodies with their sexy legs. In the drama, he was cleverly stimulating and leading people with an affair drama between a man and a woman every day.

Watching dramas means watching and learning, so people did what they learned in search of good things.
There is nothing wrong with it.
If a wife is proud of her existence or her appearance is elegant, no one will cheat on her. Fearing that her wife will run away, he rather tries to stick with his wife.
What I'm looking for, when my spouse doesn't show up, In other words, you go around looking for something, but you don't know it, so you're looking for the opposite sex.

In other words The human soul was wandering in search of food for the soul. The body, the material that makes up a person, is preserved with food, but The mental part is not filled with food.

So, according to their personal preferences, women go to church and men go to golf courses, Some people had gone to the opposite sex and had an affair.

therefore The moment you find the truth, the affair automatically loses its strength.

2021.07.17./Seo Kyung-Rye/Finding the meaning of one's existence

드리는 글과 책을
열심히 읽어보시고
생각하다보면
하는 일이 잘되고
바람피는 것보다
훨씬 즐겁답니다.♥

| | | |
|---|---|---|
| 이○○ | | 바람꾼인가? 왜 바람 타령이야 ㅎ |
| 서경례 이○○ | | 모든 주제를 다루다 보니<br>이번엔 불륜에 대한 편견을 깨기 위해서 올렸습니다. |
| 이○○ 서경례 | | ㅋ 내가 전문인데 |
| 황○○ | | 바람피우는 사람은 묵묵부답,<br>바람피우지 않는 사람은 시끌벅적,<br>서경례님은 임상심리학 공부하신 것 같아요!<br>사람의 마음을 흔들기도 하고, 잡았다 놓기도 하는 것 같아요. |
| 서경례 황○○ | | 주신 댓글이 재미있어요. 바람피우는 사람은 묵묵부답 ㅎㅎ |

# Articles and books read it carefully Knowing the truth one by one doing good work Much better than cheating.♥

> ○○Lee　　　　　　　　Is it an affair? Why are you having an affair!!
> Seo Kyung-Rye ○○Lee　Since I dealt with all topics, I uploaded
> 　　　　　　　　　　　this time to break the prejudice against infidelity.
>
> ○○Lee Seo Kyung-rye　I'm a specialist in that area.
>
> ○○Hwang　　　　　　Those who cheat are silent, Those who do not cheat are noisy,
> 　　　　　　　　　　　I think you studied clinical psychology?
> 　　　　　　　　　　　You seem to shake people's hearts and sometimes catch and release them.
>
> Seo Kyung-Rye ○○Hwang
> 　　　　　　　　　　　Your comment is interesting. Those who cheat are silent.

# 질투를 하지 않으면
# 도인이다.

맞습니다.
인간 세상 질투가 많습니다.
도대체 질투가 뭘까요?
잘난 사람 보면 질투가
난다는 사실입니다.
우리가 질투 없이 살 수는
없을까요?

"

| | |
|---|---|
| 박○○ | 시기심은 인간의 본성입니다. 그래서 아기들도 질투심이 있습니다. 적당한 질투심은 활력소가 될 수도 있습니다. 도를 닦으면 질투심이 없어진다 하나 내면 깊이 들어가면 질투심이 없는 척 사라진 척 하지만 쉽게 없어지지 않습니다. 경험입니다. |
| 서경례 박○○ | 그치요. ㅎㅎ 맞습니다. |
| 권○○ | 참선 도량 차리실 양인가요? ㅎ |
| 서경례 권○○ | ㅎㅎ 드리는 글을 읽고, 참선이 되면 얼마나 좋겠습니까? 평화가 함께 하다가 문득 반짝하는 깨우침이 생긴다면 감사할 따름입니다.ㅎㅎ |

"

# If you are not jealous, you are enlightened.

you're right.
The human world is full of jealousy.
What the hell is jealousy?
We get jealous when
we see good people.
Can't we live without jealousy?

2021.07.18./Seo Kyung-Rye/Jealous human nature

| | |
|---|---|
| ○○Park | Jealousy is human nature. So even babies are jealous. Moderate jealousy can also be a motivator. Jealousy doesn't go away easily. It's my experience. |
| Seo Kyung-rye ○○Park | That's right. |
| ○○Kwon | Are you the one to set up the education center of truth? |
| Seo Kyung-Rye ○○Kwon | How would you like it if you read the article I'm giving you, and realize it? I would only be grateful if there was a twinkling of enlightenment when peace was with you. |

# 질투에 대하여(1/5)

**1. 질투는 인간 사회에서 없을 수가 없다. 라는 말**

맞습니다.
人間(인간)들은 질투합니다.
인간이란 미완성의 존재이기에
동물적인 본능이 불끈불끈 나옵니다.

사람이란 완성된 존재 즉
"사람다운 사람"이라고들 합니다.
성인은 질투하지 않습니다. 즉
사람다운 사람은 질투하지 않습니다.

질투를 느낄 때엔
"아! 아직은 내가 사람다운 사람이
못 되는구나"라고 스스로 진단하면
정확합니다.

**2. 아기도 질투한다.**

당연한 것입니다.
어릴수록 아직은 동물적인 본능이 많이
살아있는 것이 어린 것이고, 성장하면서
지식으로 점점 어른으로 변해가는 것은
동물적인 본성을 스스로 제거해가는
과정입니다.

아기들, 아직은 어리기에 사회적 역량이
작습니다. 그래서 질투하는 것이
당연한 것입니다.
질투의 본질이 스스로 수준이 낮아서
나오는 현상이기 때문입니다.
-계속-

2021.07.20./서경례/질투는 본질적으로 낮은 질량

**태○○**  그 가냘픈 인상에서 어찌 이런 생각들이 정리되는지?

**홍○○**  나도 경례 선생님한테는 질투가 심한데요. 샘도 나고요.
**서경례 홍○○**  님께서 가진 것 중에서, 제가 없는 것들이 많습니다.

**정○○**  질투는 사랑의 근원
**서경례 정○○**  에이 선생님 ㅎㅎ 사랑은요, 질투할 필요가 없는 것이 사랑입니다. 질투는 낮은 수준의 욕망인 집착입니다.

# 질투에 대하여(2/5)

먼지로 된것을 뒤집어쓰고,
살고는 있으나, 분명 안에는
영체라는 존재가 있습니다.

이것이 "나"라는 것입니다.
[천상천하 유아독존]이라는
나의 존재인 것입니다.

이것이 진화하기 위해서
살아왔는데요. 질투는
동물적인 욕망입니다.

배우자가 바람핀다고 누구나
질투하지는 않습니다.
부부가 처음 만날 때는 비슷한
상태에서 만나다가 시간이 가면
질적인 차이가 많이 나는 경우가
있습니다.
-계속-

2021.07.20./서경례/과거엔 법원도 유책주의

# About jealousy(2/5)

Although humans live in the flesh
of animals, Clearly, there is an
immaterial existence within.

This is "I".
It is my existence as
[the only being in the universe].

It has been living up to this point
to evolve. Jealousy is evidence
of a state of personal immaturity.

Not everyone is jealous of someone
cheating on them. When a couple
meets for the first time, they meet
in a similar state, but as time goes on,
a qualitative difference begins
to emerge.
-continue-

2021.07.20./Seo Kyung-Rye/Reminder in the past

# 중재안(1/7)

일론 머스크가
한 마디 했나 봅니다.

우크라이나 사태와 관련한
중재안 내용인데 젤렌스키가
펄펄 뛰고 난리 치겠으나

필자가 보기엔 교황보다 탁월하고
바이든보다 지혜롭고 슐츠보다
두뇌가 우수합니다.

필자가 거기에 조금만 더
지혜를 추가해 주면 좋으련만 ㅠㅠ
(다음에 나오는 "바이든에게 드리는 글"에
관련 내용이 기록되어 있음)

남들이 보기엔 정신없고
반 미치광이 같은 일론 머스크와
시뮬레이션에 대해서 얘기하면
참 재미있을 것 같아요.
언제나 만날 수 있을까요?

2022.10.05./서경례/미치광이와 창의력은 친구

**임길명** 꼭 만나 시기를 ㅋㅋㅋㅋ
**서경례 임길명** 일론 머스크 같은 미치광이 대환영입니다. ㅎㅎ

# Arbitration(1/7)

I think Elon Musk
said something.

It is the content of the arbitration
proposal related to the Ukraine situation,
but Ukraine's Zelensky will run wild.

In my opinion,
he is better than Pope, wiser than
Biden, and smarter than Schultz.

I wish I could add a bit
more wisdom to it.
(Related content is recorded
in the autumn issue of JB CONTESTS)

It would be fun to talk
about simulations with Elon Musk,
who seems crazy and
half-maniac to others.
Can we meet anytime?

2022.10.05./Seo Gyeong-rye/Crazy and creativity are friends.

**Lim Gil-myung**   I hope you will meet him.
**Seo Gyeong-rye Lim Gil-myung**
　　　　　　　A lunatic like Elon Musk is welcome.

# 중재안(2/7)

일론 머스크가 크름반도를 주고
전쟁을 그만하고 서로 멈추라고 한 것은
우크라이나의 손실을 바라서도 아니고
러시아를 특별히 응원해서도 아닙니다.

달면 삼키고 쓰면 뱉어 버리는 인간들의
무지가 서로 싸움을 지속할수록 결국은
러시아와 우크라이나 국민들의 죽음과
학살과 고문 같은 희생이 자행된다는
사실을 우리는 인정해야 합니다.

지금도 많은 인명을 단번에 살상하는
무기들이 미국 바이든을 포함한
유럽 지도자들의 결정으로 우크라이나로
향하고 있습니다.

궁지에 몰린 푸틴은 핵어뢰를 써야 하나
아니면 러시아에 지장이 없을 정도의
작은 핵폭을 써야 하나 고민합니다.

핵무기로 공격하면 러시아도 핵무기로
공격을 받는 것이 자연의 이치가 되건만
국민들한테 쫓겨나서 죽을 바에야
핵무기에 맞서서 죽어도 어쩔 도리 없이
이젠 죽음을 각오해야 하는 푸틴으로서는
도저히 지혜로운 판단력이 작동되지 않습니다.

이럴 때에 우리 대한민국 대통령이나
국회의원들의 입에서 상대를 물어뜯는
얘기 말고 푸틴과 젤렌스키를 위해서
전 세계에다 중재안을 제시하면
얼마나 푸틴이 고마워하겠습니까?

물론 원리를 알고서 입 밖으로 나와야
하겠습니다. 고마운 사람한테는
자기가 가진 러시아 커다란 땅덩어리도
냉큼 맡겨 주는 것이 사람입니다.

젤렌스키도 힘들어요.
전쟁을 지속하는 것보다는 크름반도를
러시아 영토로 해도 우크라이나에 전혀
문제가 되지 않고 미래를 희망적으로
열어 갈 수 있다는 가능성과 이유를
이해할 수 있다면 당연히 협상에
임할 것입니다.

2022.10.07./서경례/핵무기가 꿈틀거리고

한○○   그러게요. 한 번쯤은 크게 생각하면
별것 아닌 듯한데 인간들이 무얼 소유하기 위해
이리도 악행을 저지르는지 스스로 자문자답해 본다.
아마 욕심과 집착이 아닐까요? 다 부질없는데. ㅎㅎ
나는 누구인가?
이게 인생인가요?
**서경례 한○○**   우리들의 욕심들이 조금씩 모여서
커다랗게 지구촌의 위기가 되었습니다.♡

# Arbitration(2/7)

The reason Elon Musk gave Crimea to stop the war and ask each other to stop war was not because he wished for Ukraine's loss, nor was he particularly cheering for Russia.

We must admit that the more the ignorance of human beings when they use it continues to fight each other, eventually the death, massacre, and torture of the people of Russia and Ukraine are committed.

Even now, weapons that kill many people at once include the US Biden. The decision of European leaders is turning towards Ukraine.

A cornered Putin contemplates whether to use nuclear torpedoes or whether he should use nuclear bombs small enough to harm Russia. If you attack with nuclear weapons, it becomes natural that Russia will also be attacked with nuclear weapons.

However, Putin, who has no choice but to prepare for death rather than die from being kicked out by the people, has no choice but to use his wise judgment.

At this time, how much would Putin be grateful if we presented a mediation plan to the world for Putin and Zelensky from the mouth of our members of the National Assembly of the Republic of Korea?

Of course, you must know the principle and come out of your mouth. It is human nature to readily entrust even a large chunk of land to those whom one trusts and is grateful for.

Zelensky is also having a hard time. Rather than continuing the war, even if the Crimean Peninsula is Russian territory, it will not be a problem at all for Ukraine and the future can be opened hopefully. If you can explain the possibilities and why, they will definitely go into negotiations.

2022.10.07./Seo Gyeong-rye/Nuclear weapons are wriggling.

# 중재안(3/7)

국경이란 것은 우리 인간이 만든 것입니다.
저건 네 땅 이건 내 땅. 그러니까
더 이상은 넘어오지 마! 알았지!
넘어오면 쏴 죽일 거야! 가 국경입니다.

그러나 국경이 무색할 정도로
서로 유기적 관계를 맺게 되면
국경이 오히려 성가신 족쇄가 됩니다.

남자와 여자가 서로 남남일 때에는 따로
거긴 네 집 여긴 내 집하면서 문 걸어 잠그고
살지만 생각이 일치하고 마음이 합쳐지면
서로 문을 열고 사는 것도 모자라 아예
같이 살고 싶은 것과 같은 원리가 됩니다.

지금은 우크라이나 영토의 15% 정도를
러시아가 점령했고 간신히 버티고 있는
것으로 보입니다.

튀르키예 에르도안도 푸틴하고 친하게
지내지만 점령지를 차지하는 것을 원하지
않습니다. 러시아에 무기를 공급하는
미국의 원수 이란도 러시아가 점령지를
차지하지 말라고 한마디 할 정도로 푸틴의
러시아가 성장하기를 바라지는 않습니다.

진실로 말씀드리면
지금은 누구도 친구 나라가 없어요.
여러분이 친구가 없듯이 푸틴도 똑같이
단 한 명 친구가 없습니다.

10%를 러시아가 차지하든 크름반도만
차지하든 아니면 모두 토해내든
그것은 사실 문제가 되지는 않습니다.
(물론 땅따먹기에 눈 뒤집힌 푸틴과
빼앗긴 젤렌스키가 들으면 펄펄 뛰겠지만요.)

2022.10.07./서경례/친구하나 없는 푸틴

양○○　세계정세 특히 공산국가와 사회주의 국가만 특이한 것은 어제오늘 얘기가 아니지요.
서경례 양○○　공산국가 사회주의 국가가 자본주의나 자유민주주의 세계에 경제력에서도 사회적인 발전에서도
뒤처지는 것은 이유가 있었습니다만 지금 그것을 잘 이용한다면 역시나 좋은 조건이 됩니다.
최○○　어쨌거나 푸틴은 사라져야 할 악당이여.

# Arbitration(3/7)

Borders are created by us humans.
That's your land, this is my land.
So don't fall over! Understand!
If you come over, I'll shoot you!

However, when borders become meaningless
and organically related to each other,
borders become rather annoying shackles.

When a man and a woman are strangers to
each other, it's your house separately, this is
my house Close the door and live. However,
when thoughts coincide and hearts come
together, it becomes the same principle
as wanting to live together, even if it is not
enough to live with each other open.

Russia now occupies about 15% of Ukraine's
territory and appears to be barely holding on.

Turkey is also friendly with Putin,
but does not want to occupy occupied
territories. Iran, which supplies Russia with
arms, also does not want Putin's Russia to
grow to the point where it says that Russia
will not occupy the occupied territories.

To tell you the truth
No one has a friend country now.
Just as you have no friends, Putin doesn't
have a single friend either.

Whether Russia takes 10%, only Crimea,
or vomits it all up. It doesn't really matter.
(Of course, Putin, who is blinded by the land
grab, and Zelensky, who is taken away, will
jump in anger when they hear it.)

2022.10.07./Seo Gyeong-rye/Putin without a friend.

# 중재안(4/7)

일론 머스크의 말대로 지금 당장
서로가 죽고 죽이는 우크라이나 사태는
멈추게 하는 것이 가장 좋습니다.

이것은 단순한 현상이 아니고
제3차 세계대전으로 가고 있는 중입니다.
연기가 먼저 모락모락 피워 오르네요.

지금 베이비부머 나이부턴 전쟁이 뭔지
겪어보지 않았습니다. 곱게 자랐어요.
뭐라 해도요.

생전 처음 코로나라는 이상한 현상을
경험했는데 앞으로는 처음으로 겪는
일들이 생기고 또 생기고~ 핵무기가 춤을
추기 시작하면 남의 일인 양 넋 놓고 있던
대한민국 남자들도 당장 어느 일방에
붙어서 전장으로 가야만 합니다.

푸틴을 미치광이라고 비난할 줄은 알면서
미치광이를 다루지 못하는 우리가

그 한 사람을 다루지 못하는
무능력자라는 사실은 아시는지요?

푸틴이든 김정은이든 그들한테 위협으로
핵무기로 각종 무기로 아무리 위협해 보았자
그들의 생각 털끝 하나도 움직이지 못한다는
사실을 이제는 알 때가 되었습니다.

한국은 러시아가 가지지 못한 모든 것을
가진 나라입니다. 이제는 대한민국호가
나설 때가 되었습니다.

약탈하는 러시아 군인들이 본국의
애인한테 전화하잖아요.
자기야! 여기 삼성 냉장고 하고
LG 세탁기가 있는데 어느 것이 좋을까?

훔친 전리품을 가지고 그들끼리
나눠 가지려고 의논하면서 본국의
애인한테 전화해서 어느 것을 선택할지를
고민하는 것이 러시아의 현실입니다.

2022.10.09./서경례/자기야 삼성과 LG가 있는데

| | |
|---|---|
| 정○○ | 그러게요 가전제품이 전리품이 라니 아이러니하군요. |
| 장세석 | 우리 냉장고가 그렇게 평가받고 있군요. 전쟁 중에도 자기야! 나도 전쟁을 해서라도 자기야 하고 싶다! |
| 서경례 장세석 | 러시아 GDP가 한국보다 낮습니다. |
| 양○○ | 전쟁 정말 일어나선 안되는 것인데 지금까지 전쟁이 없던 시절이 없었어요. 시리아 팔레스타인 베트남 그리고 중동 쿠웨이트 이라크 등 러시아 우크라이나 정말 전쟁의 종말인 아마겟돈…… |
| 서경례 양○○ | 이리 계속 가면 어느 한 지역 분쟁이 아닌 진짜 3차 대전 나게 생겼습니다. 대한민국 지식인들 정치인들이 마냥 싸우고 있는 폼이 예전에 망하기 전에 하던 짓을 반복합니다. |
| 홍○○ | 둘 중 어느 것을 골라도 세계 최고의 제품입니다. |

# Arbitration(4/7)

As Elon Musk said, it is best to stop the Ukrainian crisis that kills and kills each other right now.

This is not a simple phenomenon, we are on our way to World War III. Smoke rises first.

The Baby Boomer generation has not experienced what war is.they grew up nicely They experienced a strange phenomenon called Corona, but in the future, things that go through for the first time happen and start to happen again. When nuclear weapons begin to dance, Korean men who have been stunned as if they are someone else's affairs must join one side and go to the battlefield.

You know how to accuse Putin of being a lunatic, but do you know that those of us who can't deal with a lunatic are incompetents who can't deal with that one person?

Whether it be Putin or Kim Jong-un, it is time to realize that no matter how many times we threaten them with nuclear weapons and various weapons, they cannot move even a hair in their thoughts.

Korea is a country that has everything that Russia does not have. Now is the time for the Republic of Korea to step out to solve the problem.

The marauding Russian soldiers call their sweetheart back home. babe! There is a Samsung refrigerator and an LG washing machine here, which one is better?

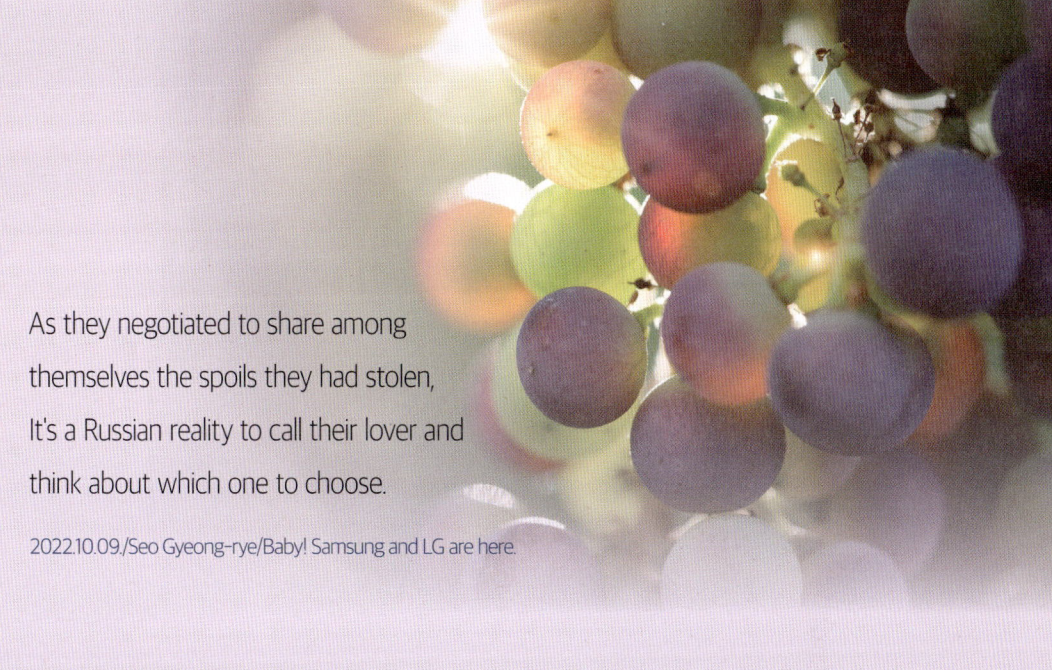

As they negotiated to share among
themselves the spoils they had stolen,
It's a Russian reality to call their lover and
think about which one to choose.

2022.10.09./Seo Gyeong-rye/Baby! Samsung and LG are here.

        **Jeong○○**    Yes, it's ironic that home appliances are prizes.

        **Jang Se-seok**    Our refrigerators are being evaluated that way.
                              even during the war babe! Even if I go to war, I want to be a baby!

        **Suh Gyeong-rye and Jang Se-seok**
                              **Russia's GDP is lower than Korea's.**

        **Yang○○**    War really shouldn't happen, but until now
                              There has never been a time when there was no war.
                              Syria, Palestine, Vietnam, Iraq, Russia, Ukraine,
                              Armageddon, really the end of war...

        **Seo Gyeong-rye and Yang○○**
                              **If you keep going like this, it looks like a real World War III,**
                              **not a local conflict. who is fighting like intellectuals**
                              **and politicians in Korea, repeats what he used to do**
                              **before being ruined.**

        **○○Hong**    Whichever one you choose, it is the best product in the world.

# 중재안(5/7)

러시아는 그 커다란 땅덩어리를
가졌어도 지하자원 하나 없는
한국이 너무 부럽습니다.

우주로 가는 로켓 기술이 발달했고
(한국도 로켓엔진 기술의 도움을 받았음)
각종 핵무기를 잔뜩 보유한 나라가
러시아입니다만

삼성의 반도체 기술과 LG의 우수한
가전제품 등 생활 속의 경쟁력을
생산하는 기업과 우수한 인재가
없어서 미래로 전진하지 못하는
나라가 또 러시아입니다.

방산비리는 또 얼마나 심각한지
동원한 군인들한테 줄 군복조차
없어서 군복만 본다면 러시아군인지
우크라군인지도 헷갈려요.

그래서 반도체를 만드는 삼성과 우수한
가전제품 LG와 현대와 쇄빙 LNG선을
만드는 한국의 기업들이 푸틴은 그림의 떡.
러시아는 천연가스와 석유 등 지하자원
파먹고 살고 있는 형국입니다.

중재안을 가져갈 때에는 단순히
분쟁지역만 언급해서는 아니 되고
그들의 야말반도와 시베리아를
아예 한국 기업이 제2의 한국처럼
발전시키겠다는 기업의 의지를
보여주면서 그들과 대화해야 합니다.
(한국은 많은 일자리가 생기게 됨)

한국이 싸게 대한민국의 공단을 만들 수 있는
크기의 땅을 매입한다고 하면 푸틴은 냉큼
줍니다. 푸틴은 은근 한국을 좋아하거든요.

지금처럼 돈 벌어먹고 살겠다는
생각으로 러시아에 가는 것이 아닌
그들과 하나가 되어 러시아를 위해서
우리 기업이 나설 각오를 하고 정치인과
대기업이 하나 되어 같이 움직일 때

무기로 우크라이나를 공격하는 생각을
후순위로 밀어낼 수 있습니다.

2022.10.10./서경례/한국이 가진 것들을 알아야

| | | |
|---|---|---|
| 유○○ | | 외무부 특보로 임명함. |
| 서경례 | 유○○ | 우리나라는 모든 좋은 조건을 가졌는데도 우리가 가진 조건을 보지 못하고, 상대방 탓만 하면서 오늘도 서로를 비방하면서 싸우고 있습니다. |

# Arbitration(5/7)

Russia is very envious of Korea, which has no underground resources even though it has such a large land mass.

Russia is a country that has developed rocket technology to go to space (Korea also received help from rocket engine technology) and has a lot of nuclear weapons.

However, there are no companies that produce competitiveness in daily life, such as Samsung's semiconductor technology and LG's excellent home appliances, and excellent human resources, so they cannot move forward into the future.

The corruption in the defense industry is also so serious that there are no military uniforms to give to the soldiers who have been mobilized.

That's why Putin is envious of Samsung, which makes semiconductors, LG and Hyundai, which make excellent home appliances, and Korean companies that make icebreaking LNG carriers. Russia is living on underground resources such as natural gas and oil.

When bringing an arbitration proposal, you should not simply mention the disputed area. Korean companies treat their Yamal Peninsula and Siberia as if they were a second Korea. You have to talk to them while showing the company's willingness to develop. (Korea will create many jobs)

If Korea buys land half the size of Korea cheaply, Putin will give it to Korea. Saying "Come on"

Putin secretly likes Korea. You shouldn't go to Russia with the thought of making money and living like Korea is doing now.
When we unite with them, when our companies are ready to stand up for Russia, and when politicians and big business work together as one, we can push the idea of attacking Ukraine with weapons to a lower priority.

2022.10.10./Seo Gyeong-rye/You should know what Korea has.

**Yoo○○**    Appointed as Special Advisor to the Ministry of Foreign Affairs.

**Seo Gyeong-rye and Yoo○○**
Even though our country had
all the good conditions,
Our politicians become dumb
when they need to open their mouths.

# 중재안(6/7)

한국의 국회의원들은
과거의 일들을 가지고 질 낮은 얘기들로
따지는 것이 아니고,

러시아와 미국의 첨예한 대립을
슬기롭게 변화시킬 수준 높은 대안들을
제시해야 합니다.

러시아가 에너지를 무기화하는 것이
우리들에게도 불리하고 잘못된 것이듯이
미국도 한국도 각종 기술력과 반도체를
우리만 이용하려고 한다면 역시나
그들 눈에는 부당하게 보이는 것입니다.
싸움은 똑같은 수준일 때에 나옵니다.

한국은 기술력이 부자입니다.
작은 기술부터 하나씩 이전하려고
작정하고 설명한다면

한국은 기술과 교육을 수출하게 되고
한국이 심혈을 기울이는 나라는
발전합니다.

여기에 반드시 명심해야 하는 것은
미국하고 함께 움직이는 것이 지혜롭습니다.
자본이 미국에 묶여져 있기 때문입니다.

한국의 대기업이 신용이 있으므로 쓰겠다고
하면 명분이 있으므로 기꺼이 빌려줍니다.

거대한 미국 유대인의 자본이 이렇게 해서
지구촌을 구하는 데에 쓰여지기 시작하고
미국은 번성합니다.

지금은 러시아와 미국이 철천지원수가 된
상태이고 그들 머리에선 지혜가 나오지
않습니다.

그러니 이리 위급할 때에 대한민국이
인류를 살리겠다는 큰 뜻을 품고
러시아 푸틴을 만난 후 그들을 위해
기업이 설명을 합니다.

다급한 우크라이나에 갈 때에는 빈손으로
가거나 폼 내려고 가는 것이 아니고
중재안을 들고 가야겠지요.

2022.10.10./서경례/지금은 경제전쟁 시대

| | |
|---|---|
| **장세석** | 사랑하고 존경하는 경례 씨!<br>어찌 그리 지혜로운 생각들이 님의 머릿속에 가득한지요. |
| **양○○** | 통찰력에 박수를 보냅니다. 그러나 우리를 보세요<br>지지고 볶고 있는 현실이 안타까울 뿐입니다.<br>우린 언제나 벗어날까요. 고칠 데가 한두 군데 아닌데... |
| **서경례 양○○** | **지금 모습들은 예전에 하던 모습하고 똑같습니다.**<br>**국민이 먼저 알아야만 정치인들이 바르게 돌아갑니다.** |
| **태○○** | 가난한 빚내서 사는 국민과 한국은행 간의 중재 좀 부탁해요!<br>있는 놈은 은행에 예금으로 살고 없는 놈은 은행 빚으로 사는데<br>물가가 어쩌고 인플레가 어쩌고 저그 맘이여! |
| **윤○○** | 좋은 글만 쓰시는 줄 알았는데 다방면으로 해박하십니다.<br>늘 감사합니다. |

# Arbitration(6/7)

South Korean lawmakers should stop arguing with low-quality stories about the past.

Instead, we need to present high-level methods to wisely change the sharp confrontation between Russia and the United States.

Just as Russia's weaponization of energy is unfavorable and wrong for us as well, if the United States and Korea try to use various technologies and semiconductors only for us, it will also look unfair in their eyes.

The fight comes out at the same level. Korea is rich in technology. If you decide and explain to transfer small technologies one by one, Korea will export technology and education, and the country that Korea is devoted to will develop.

What we must keep in mind here is that it is wise to work together with the United States. Because capital is tied up in the US.

If a large Korean company says that it will use it because it has credit, it is willing to lend it because there is a justification for it.

A huge amount of American Jewish capital begins to be used to save the world in this way, and America prospers.

Russia and the United States are now in a state of insanity, and wisdom does not come out of their heads.

So, in such an emergency, the Republic of Korea has a great will to save mankind After meeting Russian Putin, the company explains for them.

When you go to Ukraine, which is urgent,
you should not go empty-handed or to show off,
but with an arbitration plan.

2022.10.10./Seo Gyeong-rye/Now is the era of economic warc

| | |
|---|---|
| **Jang Se-seok** | Kyungrye whom I love and respect<br>How can so many wise thoughts fill your head? |
| **Yang○○** | I applaud your insight. but look at us<br>The reality of fighting is just sad.<br>Will we ever get away<br>There are only a couple of places to fix... |
| **Seo Gyeong-rye and Yang○○** | **The current look is the same as before.<br>Politicians work properly only<br>when the people know first.** |
| **Yoon○○** | I thought you only wrote good articles,<br>but you are knowledgeable in many ways.<br>Thank you always. |

# 중재안(7/7)

우크라이나 땅은 우크라이나에
돌려주는 것이 타당하고 맞습니다.

다만 돌려주는 시점이 반드시
지금 당장일 필요는 없는 것이고,
그 지역들을 한국이 잘 발전시킨 후에
돌려주고(조약으로 러시아 영토로
임시로 했다가 지금 살아있는 정치인들이
모두 죽은 50~100년 후에 약속대로
돌려줘도 무방함)

지금은 국경이 있어도 없는 것처럼
유기적으로 마치 하나처럼 개발을
시작한다면 우크라이나로서는
손실이 없습니다. 오해가 없도록
설명을 잘 해야 합니다.

당장은 푸틴의 정치력 손실 때문에
크름을 양보해도 어차피 돌려줄 곳을
잘·성장시키는 역할을 러시아가 하는 것

한국이 평화롭게 두 지역을 신경 쓴다면
국경이 있어도 없는 것과 같이 둘 다
이익이 되기에 문제 되지 않습니다.

이러한 과정에서 러시아와 우크라이나에는
서로 상대방을 인정하도록 국민을
성장시키는 인성교육이 시작됩니다.

폐허가 된 우크라이나 젤렌스키가
가장 눈여겨보는 롤 모델 나라가
또한 대한민국입니다.

막대한 지원을 하고 있는 미국과 더불어
설명하고 구상하되 지구촌의 평화로운
최대 밀 수출국 우크라이나가
기술력에서도 밀리지 않는 나라로
변신할 수 있다는 사실을 잘 이해시키면
젤렌스키와 대화가 가능합니다.

대안이 없는 지금은 케르치 대교를
폭파하고 사람들이 죽어나가는 전쟁을
지속하는 것 밖에 달리 방법이 없으니
그의 암울한 고통을 우리가 이해할 수
있을까요?

핵무기가 사용될지 모른다는
어두운 전망을 배제하지 못하는 지금
핵무기로 인한 국민의 희생은 그의
책임입니다. 폐허에서 우뚝 선 기적 같은
한국이란 나라는 발전의 주역이고 당사자.

폐허가 된 우크라이나를 우뚝 서게 하려고
작정한다면 그리 못할 이유가 없는 것이고,
(한국은 그런 과정에서 모든 경제 문제가
풀리고 청년과 퇴직자들의 일자리가
부수적으로 발생됨)

전쟁으로 파생된 지구촌의 난민 문제도
풀 수 있는 근사한 유럽의 신도시가
되는 것입니다.

2022.10.10./서경례/미래비젼 없이는 멈추지 못하고

# Arbitration(7/7)

It is right and right to return Ukrainian land to Ukraine.

However, the point of return does not necessarily have to be right now, and it is returned after Korea develops those areas well. (It is okay to temporarily transfer it to Russian territory under a treaty and return it as promised after 50 to 100 years after all living politicians have died.)

If we start developing organically as if there is a border now or not, there is no loss for Ukraine, which will be returned later. You need to explain well so that there is no misunderstanding.

Right now, Russia is conceding Crimea because of Putin's loss of political power, but Russia plays a role in growing the place to return anyway.

If Korea cares about both regions peacefully, it doesn't matter if there is a border or not, as both are beneficial.

In this process, character education to grow people to recognize each other begins in Russia and Ukraine.

The ruined Ukraine Zelensky's most eye-catching role model country is Korea.

It needs to be explained and conceived together with the United States, which is providing enormous support.

You can have a conversation with Zelensky if you understand well that Ukraine, the world's largest and most peaceful smuggling country, can be transformed into a country that does not fall behind in terms of technology.

Can we understand his grim suffering when, without wisdom, he now has no choice but to blow up the Kerch Bridge and continue the war in which people are dying?

He is responsible for the sacrifice of the people caused by nuclear weapons now that he cannot rule out the dark prospect that nuclear weapons might be used.

Korea, a miraculous country that has risen from ruins, is a leading player in

development and a party to it.
If you are determined to make the ruined Ukraine stand tall, there is no reason not to do so, (In Korea, all economic problems are solved in the process, and jobs for young people and retirees are incidentally created) It is to become a splendid European new city that can solve the refugee problem of the global village derived from war.

2022.10.10./Seo Gyeong-rye/ Can't stop without a future vision

| | |
|---|---|
| **JP Ducasse** | 1952년 10월 7일에 태어난 푸틴은 용띠이다. 그리고 삼재에 걸려있다. 지금 외나무다리에서 스스로를 만나 혼동 속을 헤매고 있으며 자기가 놓아둔 덫에 스스로가 치여있다. 이를 벗어나기 위해 핵무기 사용을 언급하고 있다. 러시아는 핵탄두가 6300개, 미국은 5428개로 알려져 있다. 손가락 하나 잘못에 그야말로 지구는 The Late Great Planet Earth 가 되어버릴 수도 있다. 1962년 내가 공군 병장으로 근무 때 쿠바 미사일 사태가 일어났다. 당시 소련은 미국 공격을 위한 미사일을 쿠바로 옮겨오는 사태. 케네디 대통령은 미 해군 전함으로 쿠바 해양봉쇄. 제3차 대전이 그때 일어날 뻔했다. 지금의 사태는 심각하다. |
| **서경례 JP Ducasse** | 선생님 반갑고 긴글 주셔서 참으로 감사합니다. 딱 지금이 그런 형국이네요. 덫에 갇힌 것이 맞아요. 그러나 푸틴을 잘 이해시키면 인류평화가 오고 대한민국과 미국과 인류사회가 또 한번 도약하는 기회가 빨리 오건만 그렇지 못하고 |
| **JP Ducasse 서경례** | 한국의 고질인 당파싸움은 미국까지 전염되었어요. 미국도 정치인들의 대갈통이 터지라고 싸우는 꼴... 답답합니다. |

# 철학(1)

간통이 옛날엔 간통죄
지금은 무죄
옛날에도 돈이 많으면
간통죄로 고소도 없고,

수박서리도 옛날엔 무죄
지금은 절도범

이재용이 구속된 것이

어딘가 억울해 보이는데
현실에서는 죄인.

범죄와 범죄자가 시대 따라
사람 따라 분명 다른데~~~
이것을 어떻게 해석할 것인지
생각해 본다면?

<sub>2021.08.01./서경례/똑같은 상황과 다른 평가들</sub>

장세석    죄도 제정, 개정, 폐지를 거듭하는군요.
          일어나고 변화하고 사라집니다.
          또 간통죄처럼 폐지되기도 하는군요.
          모든 것은 변하는군요.

안○○     유전무죄 무전유죄라 했는데 이재용은 유전유죄
서경례 안○○  ㅎㅎ 이재용이 재벌 총수만 아니었으면 감방 갈 일이 없었을 텐데~^^

안○○ 서경례  그렇지요.

임길명     분명 지탄받았던 죄가 시대에 따라 정권 따라 사람 따라
          어째서 무엇 때문에 죄가 합리화될 수 있을까요?
          고구마 백 개를 먹은 듯 답답합니다.

서경례 임길명  주신 댓글이 저를 빵 터지게 만드네요.
          고구마 백 개를 먹은 듯 답답하면 큰일입니다 ㅎㅎ
          지금 최고 천재 지식인들이 다들 그렇게 답답증을
          가슴에 담고 살아가고 있답니다.

# Philosophy(1)

In Korea, adultery used to be a crime, but now it is innocent. Even in the old days, if you had a lot of money, there was no prosecution for adultery.

Stealing watermelon was innocent in the past but now the thief

Lee Jae-yong was arrested In general, something seems unfair. But in reality he is a sinner.

Crime and criminals are obviously different depending on the time and person. Let's think about how to interpret this.

2021.08.01./Seo Kyung-rye/Same situation and different evaluations

Jang Se-seok    Crimes are enacted, revised, and abolished over and over again. It arises, changes and disappears. It is also repealed like adultery. everything is changing

Ahn○○    It was said to be genetically innocent, but Lee Jae-yong was genetically guilty.

Seo Gyeong-rye Ahn○○
    If Lee Jae-yong were not the leader, there would be no need to go to jail.

Ahn○○ and Seo Gyeong-rye    That's right.

Lim Gil-myung    Why is the crime that was certainly condemned following the era, the government, and the people? What can sin be justified for? I feel frustrated as if I had eaten a hundred sweet potatoes.

Seo Gyeong-rye Lim Gil-myung
    The comments you gave me make me burst into laughter. If you feel stuffy like you ate a hundred sweet potatoes, it's a big deal Now, all the best genius intellectuals are living with such frustration in their hearts.

# 철학(2)

우리는 똑똑한 사람일까요?

의사들이 참 많고 똑똑한데
왜 환자들은 자꾸만 늘어나고
코로나바이러스는 극성일까요?

주변을 둘러보면 어느새
병원들이 꽉꽉 들어차 있습니다.
병원에 가다 보면 자꾸 다니는데
사람을 살리는 의사가 많은데
이상하지요?

판검사들이 이토록 많은데
왜 범죄자들은 자꾸만 늘어나서
심지어는 고급 정치가들도
전부 수사 중 또는 전과자들로
변하는 걸까요?

사람을 교화시키는 교도소를
갔다 오면 멀쩡하던 사람도
마약을 만드는 방법이라나,
암튼 범죄를 배워오지요?
교도소 한 번 가면 자꾸만
들락날락거리게 됩니다.

우리는 얼마나 똑똑할까요?
내가 문제일까요?
아니면 내 지식이 문제일까요?
아니면 내가 선출한 사람이나
진료했었던 환자나 코로나19,
아니면 피의자 피고인 범죄자
등등이 문제일까요?

2021.08.01./서경례/고구마 먹은 답답증을 풀어야

# Philosophy(2)

Are we smart people?

There are so many doctors and they are smart, but why do patients keep increasing and the coronavirus is so extreme?

If you look around, the hospitals are full. When you go to the hospital, you keep going, but there are many doctors who save people.
Isn't it strange that the number of patients is increasing?

Why do criminals keep increasing when there are so many judges and prosecutors?
Why do even high-ranking politicians turn into ex-convicts?

After going to a prison that reforms people, even normal people learn how to make drugs, anyway, do they learn crime?
If you go to prison once, you will come and go again and again.

How smart are we?
am I the problem?
Or maybe my knowledge is the problem?
Or the person I elected, or the patient I had treated, or COVID-19,
Or maybe criminals, etc.
are the problem?

2021.08.01./Seo Gyeong-rye/ We need to get rid of the boredom

# 바이든 대통령에게 드리는 글

바이든 대통령이시여!
필자는 한국의 대통령도 아니고, 미국의 유명인도 아닙니다.
대한민국에서 지구촌의 지식인을 깨우려고 이제 세상에 메시지를 던지는
지식인이자 철학자이며 시인이고 작가입니다.

그러나 지구촌의 현실을 너무나도 잘 알고 있기에 전쟁을 끝내고 지구촌을
구하고자 미국을 위해서 그것도 바이든 대통령을 위해서 글을 쓰고 있습니다.

## 1. 미국의 건국이념과 존재 의미

왜냐고요?
미국을 돕는 것이 바로 한국을 돕는 것이고, 필자의 역사적 사명이기 때문입니다. 미국은 역사가 길지는 않지만 현재 가장 강력한 군사력과 경제력을 가지고 있습니다. 전 세계 GDP 1위라는 수치가 말을 하고 있습니다. 또한 미국은 전 세계의 질서를 리드하는 지도자 국가입니다.
미국의 건국이념이 어떠했습니까?
인간의 본질적이고 항구적인 자유주의 이념으로서 생명권 자유권 그리고 행복추구권을 지향하고 있습니다. 새삼스럽게 지금 와서 이념을 말씀드리는 것은 미국이 너무나 중요한 이념을 가졌기에 지구촌의 리더로 하늘이 키웠다는 사실을 알려 드리려 합니다. 그래서 미국은 중요합니다.
미국의 건국이념 중에서 자유권과 생명권은 지금 미국이 자주국방을 이룩해 내기 위해서 반드시 필요했었고, 그것을 위해서 많은 이들이 희생하면서 여기까지 발전했습니다만 나머지 하나 행복추구권에 대해서는 미래에 새롭게 조명되고 인류에 의미있는 일을 했을 때 비로소 빛이 날 것입니다.
여기서 러시아를 향한 생각을 돌려 봄을 제안 드립니다. 러시아 국민과 푸틴 대통령도 행복을 추구하고 싶어 할 것임을 짐작할 수 있습니다. 사람은 누구나 잘 살고 존경받고 명예로운 것을 추구하고 결국은 행복을 추구하는 존재이기 때문입니다.
이러한 진리를 간과하면 미래는 어떠한 문제도 풀 수 없습니다. 필자의 목적은 어떠한 편견을 가지고 있는 것이 아니고 지구촌 전체를 살리는 것을 목적으로 하고 있습니다. 동시에 미국의 위대한 부활을 희망하고 있습니다. 미국은 충분히 그럴 자격이 있는 나라입니다.

2022.07.12./서경례/ 위대한 미국의 재건을 위하여.

## 2. 미국의 정치 경제적 현실

미국인들은 짧은 역사 속에서도 너무나 슬기롭게 미국을 잘 확장시켜 왔습니다.
시야를 크고 넓게 하고 미국을 역사적 패러다임으로 본다면 미국은 이 거대한 지구촌의 미래신도시입니다. 따라서 역사적 사명을 안고 각국에서 파견된 많은 민족들이 여기에서 할 일이 있어서 터를 잡고 산다고 보면 됩니다.
무슨 할 일이 있기에 여기에서 살고 있을까?
미국은 현재 국내적으로는 인플레이션을 잡아야 하고 일자리를 창출해야 하는 어려운 상황에 직면해 있습니다. 거기에다 코로나 상황은 아직도 진행 중입니다.
국제적으로는 중국이 대만으로의 확장을 시도하려 하고 있고, 현재 벌어지고 있는 러시아와 우크라이나 전쟁으로 전 세계는 각자의 계산을 하고 있습니다. 그로 인해서 미국을 비롯한 각국의 에너지 수급문제도 발등에 떨어진 불같이 다급합니다.
미국의 발전이 지금 어디까지 와 있을까?

미국의 기술력은 세계 최고가 맞습니다. 그러나 그것도 인류 발전을 거시적으로 본다면 70% 단계에 와 있습니다. 다시 말씀드리면 미국은 지금까지의 발전을 발판으로 다시 한번 미래로의 도약을 해야 하는 순간입니다. 어떻게 하면 미국이 한 단계 도약을 하고 전 세계의 지도자 국가로서 번영과 평화를 누릴 수 있을까요? 그걸 알기 위해서는 잠깐이라도 과거로 돌아가겠습니다.

미국이 그동안 엄청난 발전을 했었는데 이것은 어느 한 나라의 사람들이 이룬 업적이 아니고, 전 세계의 역사적인 모든 지식과 과학자들과 전 세계의 다양한 인종의 수고로움과 노동력이 함께 만들어 낸 것입니다. 따라서 미국은 어느 한 나라만을 편애해서는 아니 되고 지구촌 모든 나라의 모범이 되어야 합니다.

필자가 드리고자 하는 말씀은

미국은 2022년 첨단 시대인 지금 시야를 미국이라는 국가 내에서 머무르면 더 성장하지를 못합니다. 미국의 에너지는 전 세계를 이끌어가는 지도자 국가로서 존경을 받아야 하고 우뚝 서서 인류사에 길이길이 빛이 나야 하기 때문입니다.

그러나 지금은 미국도 정치 경제 사회가 정체되어 있습니다. 민주당과 공화당이 갈등 관계에 있고, 인종 간의 괴리도 남아 있으며, 경제적으로는 성장이 멈추어 있고, 홈리스와 난민 문제, 마약 문제 총기사용문제 등 사회문제는 참으로 심각합니다.

그리고 지금 러시아 우크라이나 전쟁에 국민의 아까운 세금이 들어가고, 중국과도 날카로운 대치상태에 있습니다.

미국이 미국이라는 국가 하나만을 중심에 놓고 모든 정치와 경제 군사적인 것들을 계산한다면 미국의 발전은 여기서 끝나게 됩니다. 발전이 멈춘다는 것은 퇴보를 의미합니다.

그러나 미국이 전 지구촌을 모두 미국이라고 여기고 다시 시야를 확장하고 바라본다면 비로소 모든 것이 달라집니다.

지금은 누구라도 과거의 지식으로는 이 모든 문제를 슬기롭게 해결할 수 없다는 사실을 전달 드리면서 작정하고 대통령께 제안서를 드리겠습니다.

2022.07.13./서경례/바이든 대통령께 대안을 드립니다.

## 3. 미국의 난민 문제

중국문제 물가문제 등 여러 문제가 있지만 여기서는 난민 문제에 대해서만 자세히 본질을 말씀드리겠습니다.

전 세계의 정치학자들은 러시아가 우크라이나를 침략한 것을 두고 대단히 심각하다고 보고 있습니다. 심각한 것은 맞습니다. 이번의 러시아 침공이 얼마나 많은 변화를 가져올지 사람들은 아직 모릅니다. 그러나 위기는 기회와 나란히 앉아 있습니다. 각 국가는 선택에 따라서 누구는 앞서가고 누구는 도태될 것입니다.

그런데 바이든 대통령이시여!

이런 생각을 한 번 해보시는 것은 어떨지요?

우크라이나는 러시아가 쳐들어오니 미국의 도움과 서방 무기의 도움을 받을 수가 있습니다. 당장에 국민의 목숨과 재산이 희생되는 것이니 명분이 있어서 우크라이나는 M142 HIMARS로 러시아 군인들을 죽여도 되고, M982 엑스칼리버 특수유도 스마트 포탄으로 한꺼번에 러시아 진지를 초토화 시켜도 러시아를 제외한 아무도 비난하지 않습니다. 오히려 미국의 무기 위력을 칭찬합니다. 명분이 있기 때문입니다.
그런데 무기를 들고 침략하는 것이 아닌 난민은 어떻습니까?
난민은 무기를 들지 않았는데 총으로 쏘아 죽일 수 있을까요?
먹을 것이 없고 그들을 이끌 지도자가 없어 먹고 살고자 미국의 국경을 넘고 있는데 이들을 방치하면 미국 사회가 초토화됩니다.
필자가 드리고자 하는 메시지는 러시아 등 <u>군대의 침략만 침략이 아니고, 난민의 유입은 그것보다 더 심각한 잠재적인 사회문제를 발생시키는 침략</u>이라는 것을 말씀드리고 있습니다.
우크라이나 군인이 러시아 군인을 죽이는 것은 명분이 있으니 전 세계가 잘한다고 손뼉을 치지만 난민은 그럴 수 없다는 현실을 대통령께서는 아실 것입니다.
지금 유럽과 미국 사회는 난민 유입을 감당하지 못하고 있으며 질이 낮은 그들이 유입되면 조금씩 사회가 피폐해져 간다는 것을 알면서도 어찌하지 못하고 있습니다.
난민은 공산주의 체제로 가지 않습니다. 유럽이나 미국 등 자유 진영으로 오는 것은 자유진영 체제가 공산주의 체제보다는 많은 부분에서 풍부하고 살기 좋은 시스템을 가지고 있기 때문입니다.
다시 한번 말씀드리지만 우크라이나를 러시아가 침략했다면 미국은 멕시코 난민이 침략하고 있습니다.
난민은 지금 한국인들처럼 교육을 많이 받은 상태가 아니고, 생산적인 인재는 더욱 아니고, 먹고 살려고 에너지를 받으려고 다니는 낮은 수준의 계층입니다. 그런 그들의 문제를 미국부터 지혜롭게 풀지 않으면 미국은 난민 때문에 한쪽에선 열심히 성장해도 한쪽에선 심각하게 곪아가는 병폐가 쌓일 것입니다.

2022.07.14../서경례 / 미국은 멕시코의 난민이 침략

## 4. 러시아의 현실

대통령께서도 잘 아시다시피 러시아는 국토 면적이 전 세계에서 가장 큰 나라입니다만 의외로 국토의 70%는 사람이 거주하기엔 척박합니다. 러시아는 전 산업이 골고루 발전한 것이 아닙니다. 러시아의 부족한 부분이 산업구조에서 훤히 보입니다.
국토 면적은 크지만 인구만 해도 미국이나 중국하고는 많이 차이가 나는 것을 보면 질적인 부분만 부족한 것이 아니고, <u>양적으로도 러시아는 많이 부족합니다</u>. 지구촌을 헤매는 많은 난민들이 러시아로 와서 기술교육과 인성교육을 받아서 양질의 국민으로 거듭 태어나는 것을 필자는 상상합니다.
한 사람의 행동이나 집단의 행동이나 국가 간의 행동에는 움직일 수 없는 근본 원리가 있습니다. 배가 부르면 음식을 찾지 않는 것이 시공을 초월한 진리이고, 만족한 프로젝트가 있거나

신나는 일이 있으면 사람은 쓸데없이 남의 나라를 침공하지 않습니다.
러시아를 제외한 많은 나라가 푸틴 대통령의 우크라이나 영토 침공을 비난하고, 모든 서방제 무기들이 우크라이나로 향하고 있습니다. 결국은 서로가 서로를 죽이고 있습니다. 무기의 본질은 사람을 죽이는 것입니다. 기술도 양날의 칼입니다. 사람을 살리는 곳에 쓸 것이냐 아니면 사람을 죽이는 곳에 사용할 것이냐를 우리가 선택해야 하는 시점이 다가오고 있습니다.

2022.07.15./서경례/양적으로 질적으로 부족한 러시아

## 5. 러시아의 우크라이나 침공 원인

푸틴 대통령은 왜 우크라이나를 침공했을까? 미국과 마찬가지로 러시아도 한계점에 봉착한 것입니다. 그래서 새로운 일을 해야 하는데 그 어떤 학자들도 새로운 프로젝트를 제시하지 못하고 있습니다.
러시아는 성장이 멈추어 있고 푸틴의 인기도 한계점에 다다른 것입니다. 그래서 푸틴 대통령은 다른 무언가를 하지 않으면 안 되는 상황에 놓인 것을 그는 알고 있었습니다.
지금까지 그 어떤 대통령도 푸틴을 이해하거나 푸틴을 위해서 그를 만난 적이 없습니다. 필자가 분명히 말씀을 드리지만 지금까지 러시아로부터 값싼 천연가스와 석유 등의 자원과 그들에게 필요한 것을 얻으려 만난 것이지 푸틴을 위해서 만난 사람은 없습니다. 그러니 당연히 푸틴과는 괴리가 생기고 지혜로운 중재안을 줄 수는 없습니다. 푸틴을 멈출 수 있는 사람은 푸틴을 진심으로 사랑하는 사람이 그에게 미래의 대안을 제시할 때 비로소 푸틴 대통령은 공감할 수 있을 것입니다. 우리는 좀 더 솔직해질 필요가 있습니다.
보십시오! 러시아 국토 면적은 세계에서 가장 넓지만 너무나 작은 대한민국보다 GDP도 작습니다. 인구가 1억 5천만 명이 되지 않으며, (남한의 3배) 국가를 위해 헌신하는 인재는 없습니다. 지금도 각종 부조리와 비리가 만연하고 투명하지 않습니다.
산업구조는 방산기술과 석유나 천연가스 지하자원 등 그저 땅에서 나오는 자원을 가지고 국가가 운영되고 있습니다. 자원은 언젠가는 바닥을 보일 것이고, 다른 대안도 미래의 발달된 산업 기술도 없는 나라가 러시아입니다.

공산국가의 특징 중 하나가 국민의 교육이 질과 양적인 면에서 자유 진영보다 많이 낙후되어 있습니다. 대한민국과 비교하면 금방 표시가 납니다. 대한민국은 많은 우수한 인재들이 전 세계에서 가장 많이 배출된 상태에 있습니다. 반면 러시아는 모든 공산국가가 그러하듯이 일부 지식층을 제외하면 국민의 교육수준이 자유 진영보다 낮고, 방산 비리가 뿌리 깊게 퍼져 있으리라는 것은 불을 보듯 뻔하고, 고부가가치 산업이 발전하지 못한 유럽의 외로운 나라입니다.
게다가 과거의 전쟁 역사로 인해서 타국을 침범하는 국가로 낙인이 찍혀져 있고, 미국을 비롯한 국가 간의 정치적 경제적 신뢰를 얻지 못

하고 있으며, 크름반도 합병으로 인한 미국의 경제제재로 더욱 힘들어지는 상황이 지속되니 러시아도 돌파구를 찾아야만 하는 것이지요. 개인이든 집단이든 국가이든 막다른 골목에 다다랐다고 스스로 판단하는 순간 그것을 타개하기 위해서 사람은 무슨 짓이든지 한다는 것을 우리는 역사적으로 경험해 왔습니다.

무언가 필요한 것이 있는데 그것을 찾기 위해서 다른 나라를 공격해서 국토를 빼앗으면 무언가 풀리리라 생각하는 인간은 가장 나약한 나라를 먼저 공략하는 것이 순서가 되는 것이고, 이것은 동물들이 살아남기 위해서 가장 손쉬운 먹잇감을 찾고 공격하는 것과 같은 원리가 됩니다. 왜냐하면 푸틴 대통령의 입장이나 러시아 입장에서는 우크라이나 침공이 그들에게는 이익이라고 판단되기 때문입니다.

여기서 하나 우리 지식인들이 반드시 알아야 하는 것은 전 세계의 모든 사람은 자신의 이익만을 위해서 생각하고 행동하도록 지금까지 우리는 그렇게 배웠습니다. 따라서 그가 그렇게 결정하는 것은 그의 입장에서 보면 당연하고 합리적인 논리가 형성되는 것입니다.
러시아가 아는 것은 그것까지입니다. 동물적인 본성으로 살던 과거의 방식인데 아직도 지구촌은 너나 할 것 없이 그런 정체된 사고를 하고 있습니다. 시대가 바뀌었는데 아무도 눈치를 채지 못했다는 얘기가 됩니다.
상대방을 힘으로 제압하고 자신의 욕망을 채우려는 것은 한 개인도 한 국가도 마찬가지로 지금은 뜻대로 되지 않습니다. 미래 시대는 누구도 어떤 나라도 남의 나라를 침범해서 자신들의 욕심을 채울 수 없도록 이미 지구촌은 정치적 경제적인 환경이 달라져 있었습니다. 이 점은 세계의 학자들이 명심해야 할 부분입니다.

과거 힘으로 차지하는 시대였습니다. 그 당시엔 주인이 아직 정해지지 않았기 때문에 물리적인 힘이 가장 중요했습니다. 곧 강력한 군대가 나라와 권력과 산업과 국토를 차지할 수가 있었습니다. 그러나 지금은 그런 시대가 끝났습니다. 더욱 정확하게 말씀드리면 2013년 이후로 지구라는 별의 자기장도 달라져 가듯이 각 나라의 정치 경제적인 운용방법이 달라져야 했습니다. 지금은 모든 나라의 주인이 정해진 상태이고, 새로운 차원으로 융합을 해야 하는 시점인데도 지도자들은 그 변화를 제대로 읽어내지 못하고 있는 것입니다.

드리고자 하는 말씀은 러시아를 침략자로 인식하기 보다는 러시아가 무엇이 부족한지를 먼저 살펴달라는 제안을 드립니다.
러시아 푸틴 대통령도 사람입니다.
진리를 가지고 그를 위해 대안을 제시한다면 그가 싫다고 할 리가 없을 것입니다.

2022.07.18./서경례/힘의 시대는 끝났는데

## 6. 러시아를 위한 대안

바이든 대통령 당신은 대통령입니다. 미국의 의회에서 또는 방송에서 미래 대안을 발표할 수 있는 대통령입니다. 또한 푸틴과 대화를 시도할 수 있는 대통령입니다. 하여 필자가 그 대안을 드리오니 더 자세한 것은 요청이 있으면 지혜를 빌려 드릴 수가 있습니다. 지금은 우리 지식인들이 가장 겸손하게 생각하고 행동해야 할 시점입니다.

러시아의 푸틴을 전범이라고 폄하하지 마시고 대화를 시도하십시오. 지금의 우크라이나 점령지만 러시아가 차지하되 100년 후엔 돌려주도록 조약을 맺고 그만 이 전쟁을 멈추도록 해야 서로를 위해서 좋습니다. 대신 러시아를 위해서 미국과 한국은 지혜롭게 새로운 프로젝트를 추진하면 러시아도 미국도 한국도 인류사에 길이길이 그 영광이 빛날 것입니다.

우크라이나와의 화해를 주선해 주시고, 전쟁으로 인한 우크라이나에 러시아가 해야 할 배상을 향후 30년간 석유와 천연가스를 시중 가격의 30% 선에서 지불하는 방법으로 선택하십시오. 지금 서방에서 압류한 러시아의 재산도 러시아와 타협해서 처리하십시오. 또한 러시아가 발전할 수 있는 새로운 프로젝트를 미국에서 제안해 주십시오. 러시아도 살리고 미국도 살려야만 미국의 경제가 살아납니다. 필자는 그것을 명백하게 알고 있습니다. 새로운 프로젝트를 말씀드리겠습니다.

2022.07.19./서경례/러시아와 미국이 빛나는 방법

## 7. 대한민국이란 나라에 대하여.

바이든 대통령이시여!
당신은 한국이란 나라를 얼마 전에도 다녀가셨습니다. TV에서 당신과 윤 대통령의 다정한 모습을 지켜보았습니다. 당신은 삼성과 현대라는 기업만을 바라보고 가셨지만 다시 한번 한국이라는 나라를 깊이 있게 주목해 주십시오.

한국은 현재 교육수준이 세계에서 가장 우수합니다. 한마디로 탁월한 인재가 배출되는 인재 천국입니다. 러시아처럼 자원은 없지만 사람이 경쟁력인 나라가 바로 한국입니다. 한국인은 지금 마지막 인류애를 장착하려 애쓰고 있습니다. 그리고 한국은 총을 소지하지 않습니다. 밤에도 새벽에도 차가 없어도 치안이 안전하고 밖으로 나갈 수 있는 나라가 한국이고, 강남의 거리는 한밤중에도 사람들이 넘쳐납니다.

한국의 도로 상황은 세계 최고로 잘 정비되어 있으며, 도로는 항상 깨끗하고, 심지어는 휴게소 화장실에서도 아름다운 음악이 흘러나오는 나라가 한국이고, 마약에 대해서도 지금 비교적 안전한 나라가 한국입니다.

국토 면적은 아주 작습니다만 가장 효율적인 주거 시스템을 가지고 있고, 현대적이면서도 대단히 청결하게 유지되고 있습니다. 그런 한국에는 삼성과 현대 같은 대기업이 있습니다. 그 삼성과 현대 그리고 대우조선해양을 러시아와 미국을 위해서 사용해 주십시오. 필자는 초야의 시인이라서 그들을 만날 수 없지만 당신이라면 그들을 만나서 전쟁을 종식시키고 인류의 평화를 도모할 수 있습니다.

삼성과 현대 대우조선해양 같은 한국의 대기업들은 우수한 기술력을 가졌습니다. 또한 세계시장에 신용을 쌓아 왔습니다. 바로 지금처럼 어려운 순간을 위해서 대한민국 국민이 이들 기업을 키웠던 것입니다. 물론 다른 대기업도 차차 인류의 성장을 위해 값지게 역할을 할 것이지만 여기서는 우선 삼성과 현대 대우조선해양 등을 말씀드리겠습니다.

러시아에 제안을 해 주십시오.
러시아에서 발전이 되지 않은 한 곳을 정해서 푸틴 대통령과 상의하여 삼성과 현대가 소유권을 가지고 개발할 수 있도록 프로젝트를 추진해 주십시오.
러시아는 삼성과 현대한테 그들의 땅을 아주 저렴하게 매도하면 됩니다.
삼성과 현대가 소유권을 가지도록 하는 이유는 그들이 책임을 지고 열정을 가지고 일을 할 수 있도록 하기 위한 것입니다. 물론 그 지역을 발전시키고자 하는 것이고, 러시아는 그 모든 혜택을 가장 먼저 가장 많이 볼 것입니다. 물론 미국도 여기에서 엄청난 이익을 볼 것임을 미리 말씀드립니다.
러시아에 한국의 평택이나 울산처럼 공단을 설립하는 것입니다. 삼성과 현대는 공단을 설립하는 것을 이미 계속해서 해 오고 있기 때문에 기획에서부터 완성까지 그들은 아주 깔끔하게 일을 처리할 수가 있습니다.
한국의 거제도에 있는 대우조선해양 조선소를 아예 러시아의 블라디보스토크로 옮겨 가는 것도 나쁘지 않습니다. 한국의 인건비는 대단히 높아서 한국으로서는 중공업도 이젠 국내에서 작업하는 것이 타당하지 않습니다.
한국은 업무를 처리하는 본부만 여기에 남아도 문제가 되지 않습니다. 러시아는 쉬운 1차 제조업부터 LNG선 중공업까지 쇄빙선까지 모두 한국으로부터 기술적인 도움을 받을 수 있고, 한국은 그 일터와 일꾼을 러시아로 옮겨올 수가 있습니다. 러시아는 인구가 늘어나고 산업이 발달하고 제조업이 차례로 1차 2차 3차 4차로 성장할 것입니다. 러시아 자체로 많은 난민이 유입되면서 양질의 국민으로 성장할 것입니다.
땅이 넓은 러시아와 인재가 많은 대한민국이 힘을 합하면 얼마나 아름다운 결과가 탄생하겠습니까?
이것은 물론 대기업 대우조선해양과 같은 관련 기업들과 협의해야 하지만 그들도 이 프로젝트를 추진하지 않는 한 미래는 없습니다. 한마디로 지금 러시아에 부족한 모든 제조업을 키우기 위해서 한국의 기술을 쉬운 단순 제조업부터 고부가가치 산업까지 차례차례 천천히 이전하는 것입니다.
여기에 종사하는 이는 한국으로부터도 기술자들이 넘어가야 합니다. 이들이 몰려드는 많은 난민의 질을 끌어올릴 수 있도록 기술을 가르칠 것이고,
또 한쪽에서는 사회에 기여할 수 있는 인성이 바르고 질이 좋은 국민으로 육성하는 교육이 이루어질 것입니다. 그러니 교육이 빠지면 이 일은 불가능합니다.
한국은 지금까지 기술교육과 인성교육을 할 수 있는 토대를 갖추어 왔습니다. 생산되는 제품은

가격이 대단히 저렴하지만 한국의 기술이 들어가기 때문에 그 품질은 우수할 것입니다. 미국은 아주 낮은 가격으로 모든 생활과 기업에 필요한 제품들을 공급받을 수가 있습니다.
이것이 무엇을 의미하는지 대통령께서는 깊이 생각해 주시기를 바랍니다.

2022.07.20./서경례/ 교육이 없이는 불가능

## 8. 소요되는 비용의 출처

이러한 모든 일에는 막대한 자금이 소요됩니다. 왜냐하면 그 지역 주변에서 유입되는 많은 난민들이 일을 하러 여기에 올 것이고, 그들을 위해서 기술교육과 인성교육을 시작할 것이기에 처음부터 그들의 생계를 위한 인근 지역 임금의 70% 급여는 지급되어야 합니다.
지금 쌓아두고 있는 러시아의 금과 러시아 부자들과 미국의 부자들은 비로소 그들의 이름을 딴 거리명을 가질 것이고, 많은 난민을 위해서 그리고 지구촌의 낙후된 지역의 재건을 위해서 축적된 자금이 쓰일 것입니다.
10년~30년 거치 아주 낮은 이자로 기여하는 것이지요. 물론 UN의 난민구호기금을 무이자로 빌려 쓰는 방법을 취하는 것이 필요합니다.
돈밖에 모르고 돈의 노예처럼 살던 가난하고 질이 낮은 사람들은 사람의 가치를 아는 예의 바르고 훌륭한 국민으로 변모될 것이기에 여기에 투자하는 부자들의 이름이 영원히 빛날 것입니다. 인류의 평화는 그렇게 시작됩니다.

한국의 삼성과 현대 기업은 많은 한국의 제조업들을 이끌고 러시아를 살리러 나설 것입니다. 물론 이 프로젝트는 미국의 디트로이트를 위해서도 반드시 필요합니다. 필자가 2022년 1월 호에 멕시코와 미국의 국경지역인 티후아나 지역에 (멕시코와 미국의 삼성전자 파운드리 공장을 짓는 텍사스의 남쪽) 공단을 설립함으로써 미국으로의 난민 유입을 막고 미국 경제와 멕시코에도 도움이 될 수 있는 내용을 출판한 적이 있습니다. 그런 프로젝트도 없이 멕시코에서 불법으로 유입되는 난민을 막지는 못한다는 사실을 인류를 사랑하는 마음으로 하늘을 대신해서 알려 드립니다.
그런 지역의 크기는 한국의 서울에서 대전지역까지의 크기이면 좋겠습니다. 중요한 점은 한국의 삼성과 현대 등 대기업이 반드시 주도적으로 추진할 수 있도록 하십시오. 물론 미국의 기업들과 협력을 해도 아주 좋습니다. 그런데 한국의 에너지가 들어가야 비로소 한국처럼 가장 효율적으로 완성될 것이기에 함께 해야 하는 이유를 말씀드립니다.
쾌적한 공단에서 생산된 저렴한 제조업 제품들은 미국과 한국과 근처의 다른 인근 국가에서 모두 소비될 수 있는 지역으로 가야 하오니 지역을 선정할 때부터 난민의 유입이 쉬운 지역과 수출이 쉬운 지역을 찾아서 선정해야 할 것입니다. 그리고 기존의 지역들과는 일정한 거리가 있는 것이 좋고 적용되는 법률도 차별을 두는 것이 바람직합니다.
왜냐하면 그 새로운 공단지역은 새로운 효율적인 시스템으로 모든 것이 운영될 것이고, 총을 소지하지 않는 대한민국처럼 치안이 안전하게 지켜질 수 있도록 미리 그것까지도 생각해야 하기 때문입니다.

한마디로 대통령께서도 다녀가셨던 치안이 안전한 대한민국 서울과 평택지역을 상상하시면 됩니다. 대한민국은 작지만 가장 효율적인 국가 시스템을 가지고 있습니다. 그런 시스템 하나를 러시아에 그리고 미국의 디트로이트에 우크라이나에 그리고 멕시코와 미국의 국경 지역(텍사스 바로 밑의 지역)에 옮겨놓는다고 상상해 보십시오. 그리해야만 난민 문제를 해결할 수가 있습니다.

2022.07.21./서경례/난민 문제를 푸는 방법

## 9. 우크라이나의 문제

러시아는 우크라이나에서 즉시 전쟁을 멈추고, 지금 점령한 지역만을 향후 100년간만 통치하되 새로운 사람들로 바뀌는 그 시점에는 원소유자인 우크라이나에 돌려주도록 미국이 러시아를 이해시켜 주십시오. 물론 그 시점이 되면 러시아와 우크라이나 사이의 국경은 의미가 없을 정도로 서로 하나처럼 경제가 활성화될 것입니다. 우크라이나는 지금의 제안을 받아들이고 러시아어를 쓰는 것에 대해서도 규제하지 않는 것이 바람직합니다. 언어나 문화는 강제할 수 있는 것이 아니기에 억지로 이런 정책을 밀어붙일 경우엔 반드시 부작용을 낳을 것이고, 국민의 단합을 저해하는 요소가 됩니다.

우크라이나는 한국으로부터는 발전의 모델 국가로서 기획안을 받을 것이고, 특히 우크라이나는 미국으로부터 이미 물심양면으로 도움을 받는 처지에 있으므로 향후 개발에서도 미국과 협의하여 상생의 길을 찾아가면 기술을 가진 미국으로부터도 많은 도움을 받을 것입니다.

대신 유럽의 많은 난민들을 유입시켜서 유럽으로 하여금 난민으로 인한 고민을 해소시켜야 하고, 우크라이나가 전 국토를 다시 재건할 때에 그들에게도 일자리를 제공하면서 난민들에게 기술교육과 인성교육을 함께 병행함으로써 양질의 국민으로 육성시켜야 하는 책무를 가질 것입니다. 대한민국은 이 부분에서 적극적으로 도울 것입니다.

우크라이나의 입지적인 부분은 참으로 좋습니다. 다만 정치를 하는 우크라이나의 지식인이 문제가 됩니다. 우크라이나는 러시아를 적대시해서는 안됩니다. 함께 가야 할 동반자 국가라고 보면 정확하게 맞습니다. 함께 발전할 수 있는 상생 모델을 항상 찾아야 하는 것이지 독립적으로 혼자 가려 해서는 우크라이나의 미래발전도 성공하지 못합니다.

결국은 지금 폐허가 된 우크라이나를 재건함과 동시에 러시아도 새로운 차원으로 새로운 시스템으로 거듭 태어날 수 있도록 그들을 도울 수 있는 한국의 대기업은 이미 준비되어 있었다고 해도 과언이 아닙니다.

## 10. 결어

바이든 대통령이시여!
필자는 미국이 진정 위대한 번영을 누리기를
간절히 바랍니다.

그리고 당신께서 인류의 평화를 시작하는
최초의 존경받는 대통령이 되기를 희망합니다.
푸틴 대통령도 러시아에서만이 아니고
전 세계에서 존경받기를 간절히 원합니다.
사람이란 누구나 마지막으로는 존경받는 것을
선택할 것이기에 말씀을 드립니다.
부디 미국은 너무나 좋은 이런 기회를
버리지 마시고, 미국만이 아니라 러시아도
미국의 일부라는 생각으로 러시아의 고민을
헤아려 주시기를 간절히 바랍니다.

2022.07.22./서경례/세계평화를 위한 인류의 메시지

가을은 소리없이

# A letter to President Biden

President Biden!
I am not the president of Korea, and I am not a celebrity in the United States.
I am an intellectual, a philosopher, a poet, and a writer who throws a message
to human society to awaken the intellectuals of the global village in Korea.

However, I am very well aware of the reality of the global village.
That's why I'm writing for the United States, especially for President Biden,
to end the war and save the world.

## 1. The founding ideology of the United States and the meaning of existence

Why?
Because helping the US is helping Korea, and that's my historical mission. The United States may not have a long history, but it currently has the most powerful military and economic power. The figure is talking about the number 1 GDP in the world. Also, the United States is a leader country that leads the world order.

What was the founding ideology of the United States?
As an essential and permanent liberal ideology of human beings, we aim for the right to life, liberty, and the right to pursue happiness.

The reason why I am here again and now speak of the founding ideology of the United States is because the United States has such an important ideology. I would like to inform you that Heaven has raised America as a leader in the global village because of that great ideology. So America is important.
Among the founding ideologies of the United States, the right to liberty and the right to life were essential for the United States to achieve independent national defense.
The United States has progressed so far by sacrificing many people for it, but the rest of the right to pursue happiness will only shine when it does meaningful work for mankind in the future.
Here, I propose to turn the President's thoughts toward Russia. You can guess that the Russian people and President Putin will also want to pursue happiness.
**This is because everyone is a being who lives well, seeks admired and honor, and ultimately pursues happiness. If these truths are overlooked, the future cannot solve any problems.**
My purpose is not to have any prejudice, but to save the entire global village. At the same time, I hope for a great American Resurrection. America is a country that deserves it.

2022.07.12./Seo Kyung-rye/ For a great American Resurrection.

## 2. America's Political and Economic Realities

Americans have been so wise in expanding America in their short history.
**If we look at the United States from a historical paradigm The United States is the new city of the future in this huge global village.**
Therefore, it can be said that many peoples sent from different countries with their own missions have work to do here, so they migrate and live.
What is it that everyone has to do to live here?
The United States is currently facing a difficult situation of domestically controlling inflation and creating jobs. In addition, the corona situation shows no sign of ending, so there is no future in sight.
internationally
China is trying to expand into Taiwan, and the world is doing its own thing with the ongoing war between Russia and Ukraine.
As a result, energy supply and demand problems in the United States and other countries are also urgent, so anyone interested in politics will know that the United States is also having difficulties.
How far is America's progress?
American technology is the best in the world.

However, if we take a macroscopic view of human development as a whole, we are at the 70% stage. in other words It is the moment when the United States must once again take a leap forward into the future,
based on the progress made so far. How can the United States take a step forward and enjoy prosperity and peace as a global leader? To know that, I will go back to the past, even for a moment.
The United States has made tremendous progress over the years. and the geographical position of the country and everything is appropriate and properly configured.
This is not an achievement achieved by the people of any one country. America is the product of knowledge and scientists from all over the world and the hard work and labor of various races. Therefore, the United States should not favor any one country, but should set an example for all countries in the world.
**What I want to say is The United States cannot grow further if it stays within the country of the United States in 2022.**
This is because the energy of the United States should be admired as a leader nation that leads the world and should shine in the history of mankind.
However, even in the United States, politics, economy and society are stagnant now.

Democrats and Republicans are at odds, racial divides remain, and economic growth has stalled.
In the United States, social problems such as homelessness, refugee problems, drug problems, and gun use are also very serious. And now, the Russian-Ukrainian war is paying too much for the people's taxes, and we are in a sharp confrontation with China.
If the United States calculated everything with only one nation, the United States, at the center, America's development would end here.
Stopping progress means regression.
However, if the United States regards the entire global village as the United States and expands its horizons again, everything will change.
Now, I will make a proposal to the President with a determination to convey the fact that no one can solve all these problems wisely with the knowledge of the past.

## 3. America's Refugee Issue

There are many problems
such as the Chinese problem and the price problem, but this time, I will only explain the essence of the refugee problem in detail.
Political scientists around the world take the Russian invasion of Ukraine very seriously.
It is true that this is serious.
People still don't know how much change this invasion of Russia will bring.
But crisis sits side by side with opportunity.
Each nation will choose who will be ahead and who will be left behind depending on their choices.
But President Biden
How about thinking about this for a moment?
When Russia invaded Ukraine, it was able to get help from the United States and help from Western weapons.
Since the lives and property of the people are being sacrificed right away, no one except Russia is to blame if you can kill Russian soldiers with the M142 MIMARS, or destroy the Russian positions at once with the M982 Excalibur special guided smart cannon. Rather, it praises the power of weapons of the United States. Because there is a reason to do that.

But what about refugees who are not invading with weapons?
Can the refugees be shot and killed when they don't have weapons?
Refugees have no food and no leader to lead them, so they are crossing the borders of the United States to make a living.
However, if the US neglects them, the social order in the US will be ruined.

The message I want to give is: I am saying that not only the invasion of Russia and other military forces is not aggression, but the influx of refugees is an aggression that creates a more serious potential social problem than that.

The whole world claps that Ukrainian soldiers kill Russian soldiers for a good cause. But the President will know that refugees cannot. Now, European and American societies are unable to cope with the influx of refugees. Even though they know that society is gradually deteriorating when they are of low quality, they are unable to do anything about it. Not everyone knows how to solve it.

**Refugees do not go to the communist regime.**

The reason people come to the free camps such as Europe and America is because the free camp system has a richer and more livable system in many areas than the communist system.

**What if Russia invaded Ukraine?**
**The United States is being invaded by Mexican refugees.**

Refugees are not as well-educated as Koreans now, and even less productive.

They live to make a living, but if you do not solve their problems wisely starting from the US, the US will grow up hard because of refugees on the one hand, but on the other side, serious ills will accumulate.

## 4. Reality of Russia

As the President is well aware, Russia is the largest country in the world by land area, but surprisingly, 70% of the land is barren for human habitation. Not all industries in Russia have developed evenly.

Russia's shortcomings are clearly visible in its industrial structure.

Although the land area is large, the population alone is very different from that of the United States or China, so Russia is not only lacking in quality but also in quantity.

I imagine that many refugees wandering around the world come to Russia and receive technical and character education to be reborn as high-quality citizens.

There is a fundamental principle that cannot be moved in the actions of one person, the actions of a group, or the actions of nations. It is a truth that transcends time and space to not look for food when we are full, and when there is a satisfying project or exciting event, people do not invade other countries needlessly.

Many countries except Russia condemn Putin's invasion of Ukraine's territory, and all Western weapons are heading towards Ukraine.

In the end, they are killing each other.

The essence of a weapon is to kill a person.

Technology is also a double-edged sword. The time is approaching when we have to choose whether to use it to save people or to use it to kill people.

## 5. Causes of Russia's Invasion of Ukraine

Why did President Putin invade Ukraine? **Like the United States, Russia has reached its limit. So Putin has to do something new, and no scholars have come up with a new project.**
Russia has stopped growing and Putin's popularity has reached its peak. So he knew Putin was in a situation where he had to do something else.
**No president has ever understood Putin or met him for Putin's sake.**
I will tell you clearly Until now, we had met to obtain resources such as cheap natural gas and oil from Russia and what they needed, but no one met for Putin.
So, of course, there is a gap with Putin and we cannot give a wise mediation plan.
The only person who can stop Putin will be able to empathize with Putin only when someone who truly loves Putin offers him an alternative for the future. We need to be a little more honest.
Look.

Russia's land area is the largest in the world, but its GDP is smaller than Korea's, which is too small. With a population of less than 150 million (three times that of South Korea), there are no talented people dedicated to serving the country.
Even now, various absurdities and corruptions are rampant in Russia and there is no transparency. In the industrial structure, the state is operated with resources that simply come from the land, such as defense technology and underground resources such as oil and natural gas. Russia is a country where resources will run out someday and there is no other alternative or advanced industrial technology of the future.
One of the characteristics of a communist country is that national education is far behind the free camp in terms of quality and quantity. It shows up quickly compared to Korea.
Korea is in a state where many excellent talents have been produced the most in the world.
On the other hand, Russia, like all communist countries, has a lower education level than the free countries, except for some intellectuals.
Also, Russia is a lonely country in Europe where it is obvious that defense corruption is deeply rooted, and high value-added industries have not developed.
Moreover, Russia is stigmatized by the

Western world as a country that invades other countries due to its past war history. As the political and economic trust between countries including the United States is not being gained, and the economic sanctions caused by the US annexation of the Krum Peninsula continue to make the situation more difficult, Russia must also find a breakthrough. We have historically experienced that the moment an individual, a group, or a nation decides that they have reached a dead end, people do whatever it takes to overcome it. So now we can't blame Putin.

Humans who think that something will be solved if they attack other countries to find something they need and take their territory, attack the weakest country first. This is the same principle that animals find and attack the easiest prey to survive. This is because, from President Putin's point of view and from Russia's point of view, the invasion of Ukraine is in their interest.

One thing we intellectuals must know is that we have been taught so far that everyone in the world thinks and acts only for their own benefit. Therefore, it is natural and reasonable for him to make such a decision from his point of view. It is the past way of living with an animal nature, but the global village still has such stagnant thoughts.

The times have changed, and it means that scholars have not been paying attention. This is not the fault of Putin, but the fault of Russian intellectuals. Whether it is an individual or a nation, trying to subdue the opponent by force and satisfy one's own desires is not going the way we want it to now.

**In the future era, the political and economic environment of the global village has already changed so that no country can satisfy their greed by encroaching on another country. This is something that scholars around the world should keep in mind.**

In the past, it was an era of power.

At that time, physical strength was the most important, as the owner had not yet been determined. therefore A powerful army could take over a country, power, industry, and land. But now that era is over. To be more precise, just as the magnetic field of the Earth has changed since 2013, the political and economic management methods of each country had to change. Now, the owners of all countries have been decided, and even though it is a time for fusion to a new level, the leaders are not able to properly read the changes. What I would like to say is, rather than recognizing Russia as an aggressor, I suggest that you first look at what Russia lacks. Russian President Putin is also a person. If you have the truth and offer an alternative for him, there will be no reason to dislike him.

## 6. Alternatives for Russia

President Biden You are the President. President of the United States who can announce future visions in Congress or on the air. It is also the president who can try to talk to Putin. Therefore, I offer an alternative, and I can lend you wisdom on request for more details. Now is the time for us intellectuals to think and act with the most humility.
Don't downplay Putin in Russia as a war criminal and try to talk. It's good for each other if we make a treaty so that Russia occupies the current occupation of Ukraine, but returns it after 100 years and stops this war. Instead, if the United States and Korea wisely promote new projects for Russia, the glory of Russia, the United States, and Korea will shine in the history of mankind.
Please arrange reconciliation with Ukraine. Choose to pay Russia's reparation for war-worn Ukraine by paying 30% of market prices for oil and natural gas over the next 30 years. Negotiate with Russia to dispose of Russian property confiscated by the West. Also, please suggest new projects in the US that Russia can develop. Only by saving Russia and the United States can the American economy survive.
I know it clearly.
I'll give you a new project.

## 7. About the country of Korea.

President Biden
You have been to Korea recently.
I watched you and President Yoon's affectionate look on TV. You only looked at companies like Samsung and Hyundai, but once again, please pay close attention to the country of Korea.
Korea currently has the best education level in the world. In short, it is a talent heaven where outstanding talents are produced. Korea is a country where there are no resources like Russia, but people have a competitive edge. Koreans are now trying to put on the last love of humanity.
And Korea doesn't carry guns. Korea is a country where people can go out safely at night and at dawn, and the streets of Gangnam are full of people even in the middle of the night.
The road condition in Korea is the best in the world, and the roads are always clean.
Even in the restrooms of highway rest areas, beautiful music is played in Korea, and Korea is now the safest country for drugs.
Although Korea has a very small land area, it has the most efficient residential system and is kept very clean and modern. In Korea, there are large companies like Samsung and Hyundai.

Please use Samsung, Hyundai and Daewoo Shipbuilding & Marine Engineering for Russia and the United States.
I am a writer who has just started working, so I cannot meet them. But you can meet them to end wars and bring peace to mankind.

Large Korean companies such as Samsung and Hyundai Daewoo Shipbuilding & Marine Engineering have excellent technology. They have also built up a credibility in the global market. It is the people of the Republic of Korea who have raised these companies for a difficult moment like now. Of course, other conglomerates will also play a valuable role for the growth of mankind, but I will first mention Samsung and Hyundai Daewoo Shipbuilding & Marine Engineering.

Please make an offer to Russia. Please select one area that has not been developed in Russia and discuss it with President Putin to promote the project so that Samsung and Hyundai can take ownership and develop it.

Russia can sell its land to Samsung and Hyundai at a very low price. The reason Samsung and Hyundai take ownership is so that they can take responsibility and work with passion. Of course, you want to develop the region, and Russia will be the first to see the most of all its benefits. And America will benefit tremendously from this.

It is to establish industrial complexes in Russia like Pyeongtaek, Dongtan, and Geoje Island in Korea. Since Samsung and Hyundai have already continued to establish industrial complexes, they can handle the work very neatly from planning to completion.

It is not bad to move the Daewoo Shipbuilding & Marine Engineering (DSME) shipyard in Korea's Geoje Island to Vladivostok, Russia. Labor costs in Korea are very high, so it is not desirable for heavy industry to work in Korea anymore. In Korea, it doesn't matter if only the headquarters that handles business remain here. Russia can receive technical help from Korea for everything from easy primary manufacturing to LNG carrier heavy industry to icebreakers, and Korea can move its workplaces and workers to Russia. In Russia, the population will grow, the industry will develop, and the manufacturing industry will grow in the 1st, 2nd, 3rd, 4th order one after another. As many refugees flow into Russia, they will grow into high-quality citizens. How beautiful would be the result if Russia, a vast land, and the Republic of Korea, with its many talents, work together?

**Of course, this has to be discussed with related companies such as large corporation Daewoo Shipbuilding & Marine Engineering, but unless they also push for this project, there is no future.**

In a word, in order to nurture all the manufacturing industries that Russia lacks right now, Korea's technology is transferred from simple manufacturing to high value-added industries one after another. Those working here should be transferred from Korea as well. We will teach them skills to improve the quality of the large numbers of refugees that come in. On the other hand, education will be provided to nurture people with good character who can contribute to society. **So without education, this is impossible.** So far, Korea has laid the groundwork for technical education and character education for society. The products produced are very cheap, but the quality will be excellent because Korean technology is used. The United States can provide the products necessary for every living and business at a very low price. **I hope the President will think deeply about what this means.**

2022.07.20./Seo Kyung-rye/ Without education, this is impossible.

## 8. Sources of Expenses

All of these things cost huge amounts of money. Because many refugees from around the area will come here to work. Since they will start technical and character education, they must be paid 70% of the local wages for their livelihood from the beginning.

The gold that Russia is now accumulating and the wealthy Russians and the rich Americans will only have street names named after them, and the accumulated funds will be used for many refugees and for the reconstruction of underdeveloped areas of the world.

The borrowed money is repaid after 10 to 30 years, and the rich contribute to human society at a very low interest rate. It is necessary to take the method of borrowing the Malone UN's refugee relief fund without interest.

The poor and low-quality people who lived like slaves to money will be transformed into polite and good citizens who know the value of people.

And the names of the wealthy who invest here will shine forever. That's how the peace of mankind begins.

**Korea's Samsung and Hyundai companies will lead many Korean manufacturing companies to save Russia. This project is also essential to saving Detroit in the United States.**

In the January 2022 issue of the author, in Tijuana, the border area between Mexico and the United States. By establishing an industrial complex (South of Texas where Samsung Electronics' foundry factories are built in Mexico and the US), I have published articles that can help the US economy and Mexico by preventing the influx of refugees to the US. With love for humanity, I would like to inform the President on behalf of God that without such a project, there will be no stopping the illegal influx of refugees from Mexico.

The size of such an area is good from Seoul to Daejeon in Korea. The important thing is to make sure that large companies such as Samsung and Hyundai in Korea can take the lead. Of course, working with American companies is also great.

the new industrial complex will be operated with a new efficient system. So, like in Korea, security can be maintained even if you don't have a gun, and you have to think about it from planning to in advance. In a nutshell, you can imagine the safe and secure Seoul and Pyeongtaek areas that the President also visited.

South Korea has a small but most efficient national system. We moved one such system to Russia, then to Detroit, to Ukraine, and to the Mexican-American border (the area just below Texas). Imagine letting go. That way, America can safely leap to a new world and solve the refugee problem.

2022.07.21../Seo Kyung-rye/How to solve the refugee problem.

# 9. Ukraine's Problems

Russia must immediately stop the war in Ukraine, rule only the territories it occupies for the next 100 years, and return it to its original owners, Ukraine, after 100 years of being replaced by new people. I say this because at that point the border between Russia and Ukraine is meaningless. Russia and Ukraine will be economically active like one another.

If there are other better mediation proposals, it is not unreasonable to suggest them. However, the current situation is not the only one to blame. We will have to think about mediation under the premise that we are all responsible.

It is desirable that Ukraine accept the offer now and do not even regulate the use of Russian language.

In essence, language or culture is not something that can be enforced. If a narrow-minded policy is forcibly pushed for the sake of the popularity of politicians, it will inevitably produce side effects and become an obstacle to the unity of the people.

Ukraine will receive a proposal from Korea as a model country for development.

In particular, Ukraine is already in a position to receive help both physically and mentally from the United States, so if you seek a win-win path through consultation with the United States in future development, they will also receive a lot of help from the United States, which has technology.

When Ukraine rebuilds the whole country, it is necessary to provide jobs to the refugees while simultaneously providing technical and character education for refugees.

Ukraine will have a responsibility to nurture them into quality citizens. The Republic of Korea will actively help in this area.

The location of Ukraine is really good. But the political intellectuals of Ukraine are the problem. Ukraine should not be hostile to Russia.

Russia and Ukraine can be seen as partners to go together. It is always necessary to find a win-win model that can develop together, but independently The future development of Ukraine will not be successful if you try to go it alone. In the end, a Korean conglomerate was already prepared to help them rebuild Ukraine, which is now ruined, and at the same time allow Russia to be reborn as a new system with a new dimension.

## 10. Closing

President Biden!
I long for America to truly prosper.

And I hope that you will be the first President Admired to initiate peace for mankind. Even President Putin wants to be Admired not only in Russia, but around the world. I say this because everyone will ultimately choose to be respected. Please don't throw away this great opportunity for the United States, and not just the United States. I hope that you consider Russia's troubles by thinking that Russia is also part of the United States. I sincerely hope.

2022.07.22../Seo Kyung-rye/Humanity's message for world peace

# 존경

아랫사람은 무언가를 받으면서 성장합니다. 처음엔 집에서 엄마의 손에서 받으며 성장하다가, 더 내용이 좋은 쪽으로 자꾸 갑니다.

유치원에 갔다가, 초등학교에 갔다가, 중등학교를 거치고, 대학을 나온 다음 다시 직장에 가서 배우면서 의식의 흐름이 계속 고질량으로 올라갑니다. 더불어 처음엔 엄마가 하늘처럼 보이다가 다음엔 선생님이 제일 똑똑하게 보이다가 커지면 그것도 별것이 아니게 보이기 시작합니다.

군대에 가면 군대 상사가 그렇게 크게 보이다가 사회로 다시 나오면 환상이 깨지기 시작합니다. 어른이 된 상태에서는 각 종교 조직에 가던가 회사 연수원에서 재교육을 받습니다. 평생교육원도 있던가요?

그런 과정에서 진심으로 자신을 위해 특별한 계기를 만들어 준 사람에게 사람은 존경의 마음을 가집니다.

즉 성장하는 과정 속에서 윗사람으로부터 한 단계 성숙할 수 있는 좋은 에너지를 받았을 때 사람은 가슴이 두근두근, 이루 표현할 수 없는 느낌을 가지는데 이것이 저절로 우러나오는 존경입니다. 학창 시절에 어떤 선생님한테 사랑받는 느낌을 가지면 평생 그분을 잊지 못하고 살아갑니다.

존경은 저절로 우러나오는 것이기에 강제로 부모님을 존경하라고 해서 그렇게 되지 않습니다. 그러니 아랫사람이 강아지를 챙기고 부모님을 챙기지 않는다고 화낼 일은 아닌 것입니다. 그에겐 강아지가 더 중요한 것입니다. 비록 그의 인생이 인생무상이라 해도 그건 그의 몫이기 때문입니다. 우리는 가르쳐 줄 수 있을 뿐입니다.

2021.08.03./서경례/강요아닌 존경은 저절로 우러나오는 것

# Admire

Subordinates grow by receiving something. At first, they grow up at home under the care of their mother, and then go to the more contentful side.

Usually, the growth of intellectuals goes to kindergarten, elementary school, secondary school, university, and then goes back to the workplace to learn, and the stream of consciousness continues to rise to a higher level. In addition, at first, the mother looks like the sky, then the teacher looks the smartest, and when she grows up, it starts to look like nothing special.

When you go to the military, your military sergeants seem that big, and then when you come back into society, the illusion starts to disintegrate. Was there a Continuing Education Center?

In the process, people have the heart of Admire to the person who sincerely created a special opportunity for them.

In other words, in the process of growing, when a person receives good energy to mature one step from a superior, a person's heart throbs, an indescribable feeling. We have a feeling of gratitude. This is the Admire that springs up spontaneously.

Admire comes naturally, so forcing your parents to Admire won't do it. So it's not something to get angry at if someone under you takes care of the puppy and doesn't take care of your parents.
Dogs are more important to him.
Even if his life is worthless, it's because it's his share. We can only quietly teach our children by example.

2021.08.03. / Seo Gyeong-rye/Admire comes naturally

# 거울의 지혜(1/3)

아침에 나가기 전
우리는 거울을 봅니다.
거울을 보면 항상
거기엔 사람이 있어요.

거울을 보는 사람이
거울 안에 있지만
보이는 것은 허상이고
진짜는 바로 "나" 입니다.

즉 보이는 것은 허상이고
보는 내가 진짜랍니다.

여러분이 보는
남의 허물은 허상이고
진짜는 나의 허물이지요.

세상 살면서 보이는 것이 아름다운
사람이 보이면 그 역시도 진짜는
나의 아름다운 "본성"이지요.
-계속-

2021.08.04./서경례/보이는 것의 착시현상

**청하**     오늘도 감사하는 얼굴이 되자.
**서경례 청하**     ㅎㅎ 괜스레 살짝 웃음이. 감사합니다.
얼굴도 변한다는 진리가 있습니다.

# Wisdom of Mirrors(1/3)

Before going out in the morning,
we look in the mirror.
When we look in the mirror,
there are always people there.

The person looking in the mirror
is inside the mirror,
but what you see is an illusion
The real is the existence of "I".

In other words, what you see
is an illusion, and what you see is real.

The faults of others that you see
are illusions, and the real ones are
my faults.

If you see a person who is beautiful
in life, that is also our beautiful
"nature".
-continue-

2021.08.04./Seo Gyeong-rye/Optical illusion of visible things.

Chungha  Let's put on a grateful face today.
Seo Gyeong-rye Chungha
A little smile for no reason ^^
Faces change as we live.

# 거울의 지혜(2/3)

거울이 주는 지혜는 사실
중요한 진리가 숨어 있습니다.

거울 안의 보이는 현상이 착시현상이고,
진실은 나의 모습이라면, 우리가 겪는
고통과 어려움의 진짜 근원이 상대방
때문이 아니라는 움직일 수 없는
진리를 내포하고 있습니다.

법률용어로 당사자는 매우 중요한
요소입니다.
고통은 당사자가 받고,
어려운 것도 당사자라면
문제의 근원도 당사자입니다.

다시 말하면
우리가 상대를 탓하는 모든 원인은
힘들어하는 우리가 만든 것입니다.

상대는 우리를 위하거나 우리를
깨우치기 위해 본인도 모르고
움직이는 역할자들인 것입니다.
범죄자들도 마찬가지.

쉽게 상상 드리면 로봇트라고
생각해 보면 상상하기가 수월합니다.
아인슈타인의 상대성원리가
바로 여기에도 적용이 됩니다.

우리 자신의 부족함을
물리학에서도 유추해
낼 수가 있습니다.

2021.08.04./서경례/작은 욕심이 모이면 사고로

# Wisdom of Mirrors(2/3)

There is actually an important truth
hidden in the wisdom that mirrors give.

If the phenomenon seen in
the mirror is an optical illusion and
the truth is our image, The real source
of our pain and difficulties is not
because of the other person.
It contains an immovable truth.

In legal terms, the parties are
a very important factor.
The person concerned receives
the pain, and if it is difficult,
the source of the problem is
also the person involved.

In other words
All the causes we blame others
are made by us who are having
a hard time.

Opponents are those who act
for us or to enlighten us without
even realizing it.
The same goes for criminals.

If you can easily imagine
It's easy to imagine if you think of
it as a robot. Einstein's principle
of relativity applies here as well.

The phenomenon that comes
from our own lack can be inferred
from the principle of relativity in physics.

2021.08.04 /서경례/작은 욕심이 모이면 사고로

# 거울의 지혜(3/3)

거울의 원리를 유추하면
강아지를 계속 안고 산다는 것이
어떤 의미를 가지는 것인지
이해가 되실 것입니다.

강아지 질량이 나의 질량
이런 엄청난 진실을 알아야 하고,
사람과의 교류가 원활하게
진행되어야 다음으로 상승
단계가 이어집니다.

암이 걸려도 그놈 때문에 걸렸다고
주야장천 허상만을 보고
손가락질합니다.

그것이 나를 깨우치기 위한
허상인 줄을 결코 알지를
못하고 삽니다.

허상 같지 않지만 허상인데
그러한 허상이 실제로 존재하는
사람이다 보니 재빨리 인지하지
못하는 것입니다.
참으로 어려운 개념입니다.

여기서 중요한 하나가 있습니다.
앞사람과의 물질적인 모든 것은
허상이지만 그러나 사람은
인연이고 우리에게 미션까지
안겨주는 실체입니다.

2021.08.04./서경례/사람은 허상 같은 실체적 존재

# Wisdom of Mirrors(3/3)

Inferring the principle of a mirror,
living with a puppy in an apartment
You will understand what it means.

Puppies are simple and low-quality
animals, so you need to know that
they are auxiliary for people, so they
get along with people and rise up.

People who are sick with cancer see
only false images day and night and
point their fingers at them saying
that they got it because of him.

He lives without ever knowing that
it is an illusion to enlighten him.

It's not like an illusion, but it's an illusion,
and since such an illusion actually exists,
you can't quickly recognize it.
This is a really difficult concept.

There is one important thing here.
Everything materially with the person in
front is an illusion, but a person
is a relationship and a reality that
gives us a mission.

2021.08.04./Seo kyungrye/People are tangible beings like illusions

# 인정에 대하여

우리는 사회적 관계 속에서 사람을 만납니다. 어떤 사람은 정치적인 권위가 있을 수 있고, 회사에선 나이 어린 상사가 윗자리에 있고, 어떤 사람은 나보다 돈이 많아서 좋은 집에서 살고 있고, 좋은 외제 차를 타고 다닙니다.

그런데 자신보다 그다지 잘나 보이지 않는데도 더 많은 재물이 있어, 80평 아파트와 강남에 살고, 어떤 이는 아는 것이 많아서 지식으로는 당할 수가 없고, 누구는 사회적 명예가 높아서 비교되니, 참으로 억울하고, 세상이 불공평한 것처럼 보일 것입니다.

그뿐만이 아닙니다.
나이 많은 사람은 그들대로 윗사람이라고 하고, 태어나기를 외관이 이쁘고 잘생기게 태어난 사람이 특별히 있어서 이들은 그 자체로 엄청난 인기를 누리고 있으니 참으로 이상한 일이라고 여기고, 상대를 인정 못 하거나 불공평하다고 생각합니다.

그런데 보이는 상대를 그대로 인정함이 참으로 지혜롭습니다. 잘생기면 잘생김으로 역할을 해야 할 책무가 생기게 마련입니다. 그들은 그 역할이 따로 있는 것입니다. 우선 내가 가진 것을 보아야 합니다. 나의 장점들은 고스란히 있어야 하고, 동시에 다른 이의 것도 가지고 싶은 것이 사람들의 욕망입니다.

현실의 상대를 인정하는 것은 아랫사람이 윗사람임을 인정하기도 하고, 자리의 권위나 상대가 가진 것 또는 소질을 인정하는 것입니다. 질투가 아닌 인정을 해야 그가 가진 에너지를 오롯이 받을 수가 있습니다.

사람은 누구나 그가 가진 좋은 에너지가 있게 마련입니다. 나이와 상관없이, 성별, 직업에 상관없이 역시 숨어있는 고유의 에너지가 있는데 그 모든 것은 상대를 인정할 때 저절로 나에게 와서 나의 부족함을 채워줄 수 있습니다.

이러한 타인이 가진 에너지를 흡수해서 성장하고자 하면 인정한 후에야 비로소 가능하고 그렇지 않을 때 스치는 바람이 됩니다.

[바람은 불고 싶은 데로 분다.
너희들은 그 바람이 어디에서 와서 어디로 가는지 모른다.]

눈앞에 보이는 상대를 인정하고, 예를 다한다는 것이 결코 쉬운 일은 아니고, 더군다나 초라한 행색이고, 사회적 권위가 없으면 쉽지 않습니다.

허름한 옷을 입고 있는 아버지, 무지한 옆집 아줌마가 바로 내 앞에 있다면 그들을 그대로 인정하는 것이고, 직장에서 주장 강한 사람이 상사로 되어 있으면 순하게 그를 인정하면서 그를 위해 묵묵히 대안을 만들어 주는 것이 현명합니다. 그가 거절하는 것은 그의 몫이니 그가 받아먹든 아니든 우리는 우리의 할 일을 하면 됩니다. 그를 위해 한 공은 그대로 남습니다.

전혀 예상하지 않았는데 좋은 일들이 생긴 경험들을 다들 가지고 있으시겠지요. 순하게 일을 처리했을 때 다른 쪽에서 좋은 결과가 생깁니다.

2021.07.31./서경례/상대를 인정하기 힘든 시대

○○Choi   감사합니다.
             생각하는 시간을 갖게 하네요.

# About recognition

We meet people in social relationships. Some people may have political authority, and in the company, a younger boss may be at the top. Some people have more money than we do, live in nice houses, and drive nice cars.

Even though they don't look much better than you, they have more wealth, live in Gangnam, an expensive area in Seoul, and some people know so much that knowledge can't match them. If someone is compared to us because of their high social prestige, it would seem that the world is really unfair.

And that's not all. There is a special person who was born with a pretty appearance and a good-looking person. They are hugely popular in their own right, so it seems unfair in your eyes.

However, it is indeed wise to acknowledge the opponent as it is. If you are handsome, you will have a responsibility to play a role with your handsomeness. They have different roles. First of all, you have to look at what you have. It is people's desire to have my strengths intact, and at the same time to have others' as well.

Recognizing the real opponent is also acknowledging that a lower person is a superior person, and acknowledging the authority of the position or what the opponent has or talents. We have to admit it, not jealousy, so that we can receive the energy he has.

Everyone has his or her good qualities. Regardless of age, gender or profession, everyone has their own hidden energy.

When we know what each of us has and acknowledge the other, we can automatically come to ourselves and fill our shortcomings. If you want to grow by absorbing the energy of others, it is only possible after acknowledging it, and if not, it becomes a passing wind.

[The wind blows wherever it wants to blow. You do not know where the wind comes from and where it goes.]

It is never easy to acknowledge the opponent in front of you and do your best. Moreover, it is not easy if he has a shabby appearance and no social authority.

We all have experiences where good things happened when we didn't expect it at all. When things are done lightly, good things happen on the other side.

2021.07.31./Seo Gyeong-rye
/Era when it is difficult to acknowledge the other person

○○Choi   Thank you.
         It gives me time to think.

## 우리 생각은 어디까지 변할까?

젊었을 때엔 블랙홀을 언급하는 물리학자들이
제정신이 아니라고 생각했습니다.
-어느 물리학자의 말-

아마도 블랙홀은 기이한 형이상학적 그 무엇이라고
했다가 지금은 아무도 부정하지 않는 당연한 것.

2021.08.05./서경례/우리 생각은 어디까지 변할까?

| | |
|---|---|
| 백○○ | 지구가 멸망할 때 까지겠지요.~ |
| 이○○ | 마음이 확 트입니다. 감사합니다. |
| 서경례 이○○ | 자주 무언가가 확 트였으면 얼마나 좋을까 생각해 봅니다. ㅎㅎ |
| 청하 | 잠시 동안 꽉 막힌 심정이 확 뚫리네요. |
| 서경례 청하 | 모든 막힌 것이 다 뚫리기까지는 시간과 노력이 소요됩니다. |
| 청하 서경례 | 작가님 지식을 먹기 시작한 지 1달 정도 흘렀으니 35개월 동안 잘 먹으면 지식에 대해 얼마나 알지... 궁금하네 |

# How far will our thoughts change?

When I was young, I thought physicists who mentioned
black holes were insane.
-A physicist said-

Perhaps a black hole was said to be something bizarre and
metaphysical, but now it is a natural thing that no one denies.

2021.08.05./Seo Gyeong-rye/How far will our thoughts change?

BaekOO      Until the earth perishes.~

OOLee       My heart is completely open. thank you

Seo Gyeong-rye OOLee
            I often think about how much better it would be if something was more open.

Chungha     For a while, the clogged heart is suddenly pierced.

Seo Gyeong-rye Chung-ha
            It takes time and effort for all our blockages to be cleared.

Chungha Seo Kyung-rye
            It's been about a month since I started eating the author's knowledge,
            so if I eat well for 35 months, I wonder how much I know about knowledge...

# 돈만 있으면 뭐든지 다 된다?

에이 아닙니다.
여러분은 대통령 후보자들이
또는 나라님들이 돈을 준다고
존경스럽던가요?

제가 여러분들에게 돈을 드린다고
존경을 해 주시겠습니까?
여러분들이 아파트 한 채를 덥석
사주셨던 부모님을 존경하십니까?
월급을 꼬박꼬박 챙겨주었던
우리 사장님을 존경하십니까?
삼성 다니셨던 분들은 이재용을
우러러 존경하시나요?

선거 때 돈을 푼다고 표를 찍어주던 시절은
우리가 질이 낮은 시절에 단순한 삶을 살 때
얘기이고, 지식인들은 돈에 흔들리지
않습니다. 설령 여러분들이 돈을 받고
표를 준다고 해도 표를 찍는 것은
표를 찍는 것이고, 존경을 한다거나
사랑을 한다거나 감사하다거나 하는
느낌은 아닙니다.

돈은 노동자들의 피와 땀이 스며 들어간
에너지라서 용도에 맞게 잘 써야 하고,
(돈은 땔감의 역할을 하는 것임)
잘 쓴다는 것은 돈을 준 사람으로 하여금
보람을 느끼게 할 수 있도록 잘 성장하여.
사람을 이롭게 할 때에만 비로소
제 역할을 다한 것이 됩니다.

2021.08.06./서경례/돈은 땔감으로 잘 써야 하는 것

# Anything is possible with money?

No it isn't.
Do you look up to presidential candidates for giving them money?
Would you respect me for giving you money?

Do you respect your parents who bought you an apartment?
Do you respect our boss who always took care of your salary?
Do those of you who went to Samsung look up to and respect Lee Jae-yong?

The days when candidates spent money on elections and we voted for them are the days when we were of low quality.
Real intellectuals are not swayed by money.
Even if you guys give money and vote, it doesn't mean that you respect, love, or appreciate.

Money is energy that has been permeated with the blood and sweat of workers, so it must be used well for its intended purpose.
(Money serves as fuel)
Spending well only fulfills its role when it grows well and benefits people so that the person who gave money feels worthwhile.

2021.08.06./Seo Kyung-rye/Use money well as fuel

# 현실 진단

여기 단지도 강아지가 많아요.
오줌을 싼 자리가 누렇게 탈색되어
새 아파트 벽이 누렇게 변했어요.
청소하시는 분이 아무리 닦아도
그 부분은 여전히 누렇게 남아요.

지구촌 인구의 10%가 기아인구
한쪽에선 먹을 것이 없어 굶어 죽고,
한쪽에선 강아지 끌어안고 사는데,

소고기도 사주고, 파스타도 만들고,
사람 음식이 아니고 개 먹이려고요.
여러분은 정상으로 느껴집니까?

자연엔 끼리끼리 법칙이 있습니다.
사람은 사람끼리, 개는 개끼리가
자연스럽게 이루어지면 좋습니다.

2021.07.21./서경례/사람이 개를 따라가는 현실

| ○○Kim 서경례 | 그러긴 해요~~ 우리 집도 강아지가 나보다 서열이 높다는~~ㅠㅠ |
| 서경례 ○○Kim | 빵 터졌어요 ㅋㅋㅋ |
| 서경례 | 서열이 강아지보다 낮아서야 ㅎㅎ. 님께서 강아지보다 서열이 낮으면, 서경례는 강아지보다 낮은 사람하고 친구가 되는데 ㅠㅠ |
| ○○Kim | 나만 서열이 낮은 게 아니고 반려견 있는 집은 많이 그렇더라고요. ~~^~^ 간식 줄 때만 아양떨고 ~~~ㅠ |
| 이○○ | 개모차도 있더라고요. 개 포대기에 얼싸안고 우리 새끼 우리 새끼 자랑질~~ 헐 어쩌다 개를 낳았는지~~ |

# Reality diagnosis

There are a lot of dogs here too.
The dog's pee spot was discolored and the walls of the new apartment turned yellow. No matter how much the cleaner wipes it, the area still remains yellow.

Because 10% of the global population is starving, one side is starving because there is nothing to eat, and the other side is living with a dog. They spend their money to buy beef, and to make pasta, but not for human food, but for dogs.

How do you feel? There are laws in nature. It is good if people naturally work with humans and dogs with dogs.

2021.07.21./Seo Kyung-Rye/The reality of people following dogs.

| ○○Kim Seo Kyung-rye | It is. In my house, the dog has a higher rank than me. |
| Seo Kyung-rye ○○Kim | Wow that's funny. |
| Seo Kyung-rye | It's sad that you have a lower rank than a puppy. If you are of a lower rank than the dog, I make friends with people who are lower than dogs. |
| ○○Kim | I'm not the only one with a lower rank There are many houses with dogs. ~~~^^ Dogs only flutter at me when I give them snacks~ |
| Lee○○ | There is also a dog stroller. Embrace the dog swaddling arms and brag about our puppies~ Huh, how did women give birth to dogs? |

# 사랑이란?

사랑한다는 것은
그대를 알고 나서
비로소 가능한 것.

무엇이 필요하고
무엇을 모르는지
자꾸만 생각하면,

어느새 그대 품에
어느새 그대 맘에
살포시 다가가서는

오늘도 함께하고
내일도 함께하다
영원히 함께하네요.

사랑이란 그런 것.
오늘도 내일도
영원히 함께하는 것.

2021.08.07./서경례/영원한 사랑

# Love is?

To love is

only possible

after knowing you.

I keep thinking about

what you need

and what you don't know.

I'm in your arms

before I know it,

slowly approaching your heart.

I'm with you today,

I'm with you tomorrow,

and I'm with you forever.

love is like that

To be together today,

tomorrow and forever.

2021.08.07./Seo Gyeong-rye/Eternal love

우리 친구님들한테
아침마다 드리는 글이
한 30년 동안이라고 해도
그것도 찰나의 순간입니다.

그러니 친구님을 위해 쓸
시간도 너무 짧아 하루하루
최선을 다하는 것 말고는
다른 방법이 없어요.
포근하게 잠자리 하십시오.

| | |
|---|---|
| 임길명 | 굿밤 되소서 ~~~~~~♡ |
| 김기홍 | 30년도 찰나의 순간<br>저도 하루하루 최선을 다하겠습니다. |
| 임○○ | 글 넘 좋아 오늘도 또 기다려지네요. |

Even if the text I send
to my friends every morning
on Facebook is for 30 years,
It is also a fleeting moment.

So the time to spend
for my friend is too short,
so there is no other way than
to do my best every day.
Have a good night's sleep.

| | |
|---|---|
| Gilmyeong Lim | Good night ♡ |
| Kim Ki-Hong | A fleeting moment in 30 years<br>I will do my best every day. |
| Lim○○ | I really like your post I'm looking forward to it again today. |

# 시대 변화(1/3)

## 1. 물고기 나누던 시절

물고기를 잡는 법을 가르쳐 주기보다는 물고기를 냅다 주면 착한 사람 되는 시대가 있었습니다.

3,000년 전부터 음~~ 2차대전 이전까지로 보면 일단 하루하루 먹거리가 문제 되던 시절이었습니다. 천동설이 지배적 사상이 되었기에 지동설을 계속 주장하면 사람을 사형시켜 버리던 시절이었습니다.

그때 짜잔하고 컴퓨터나 스마트폰을 사용하거나 이어폰으로 얘기하면서 지나가는 것을 사람들이 본다면 반응이 어땠을까요?

군중이 몰려들고 난리를 치든가, 빼앗으려 하든가, 외계인이라고 ㅎㅎ 잡아 가둘지도 몰라요. 상상이 될까요?

2021.07.30./서경례/먹거리가 중요했던 원시시대

---

**김○○**     그때라면 외계인보다는 정신병자라 할 수도 있겠지요.

**○○Seo**     그 시절에는 먹고사는 거 말고는 다른 관심사가 없었을 듯......

**서경례** ○○Seo 맞습니다. 일단 먹거리가 없으니까요.

**박종규**     미래에서 온 외계인이지요.
얼마 전에 남북 회담이 있을 때 북녘 사람들과 좀 친해진 뒤 귀에 이어폰을 꽂고 지시하고 움직이는 한국 요원들을 본 북쪽 요원이 주 기자 선생님 저 이어폰 좀 사주라우 하더랍니다.
좋아 보였던 모양입니다. 같은 시간 같은 공간에서도 사용하는 측과 줘도 사용이 안 된다는 것도 모르는 설명도 안 되는 순간도 있었다는데 하물며 몇 세기를 소급하여 보여주는데 어떻게 이해되겠습니까?
2000년 이런 말을 하곤 했지요. 언젠가 핸드폰이 컴퓨터처럼 서류도 작성하고 위치 추적도 되고 한단다. 이런 때였습니다. ㅎㅎ

# Era Change(1/3)

## 1. The days of sharing fish

There was a time when you became a good person if you gave him a fish rather than teaching him how to fish.

From 3,000 years ago, um~~ to before World War II, It was a time when food was a problem every day. Since the geocentric theory became the dominant ideology, it was a time when people were put to death if they continued to insist on the heliocentric theory.

What would the reaction be if people saw you passing by while using a computer or smartphone, or talking with earphones?

A crowd gathers and makes a fuss, or tries to take it away, or calls it an alien. can you imagine

2021.07.30./Seo Gyeong-rye
/The primitive age when food was important

○○ Kim   At that time, we could be said to be psychopaths rather than aliens.

○○Seo   At that time, it seemed that he had no other interests than making a living...

Seo Gyeong-rye ○○Seo   That's right. Because there is no food.

Park Jong-kyu   We are aliens from the future. Not long ago, when there was an inter-Korean meeting, a North Korean agent saw South Korean agents putting earphones in their ears and giving directions after getting to know the people in the North. Agent North said, "Reporter Zhou, please buy me some earphones." It seems that the earphones looked good to them. Those who use earphones and other devices even in the same time and space as them There was a moment when they didn't know that they couldn't use it even if he gave it, and he couldn't even explain it. How much more can it be understood by those who live in primitive times when it shows a high-tech society going back several centuries? Around 2000, we used to say this too. One day, a mobile phone will fill out documents and track location like a computer. It was a time like this.

# 시대 변화(2/3)

### 2. 물고기 잡는 법.

시대가 발달되었습니다.
트루먼이 전쟁 중 핵무기
개발 완료 소식을 전해 듣고
한 치의 망설임도 없이 바로
일본에 핵폭탄을 꽝~~~
떨어뜨린 후에 또 많은
일본 사람이 죽었습니다.

그런데 아하 몰랐습니다.
사실 지금까지는 모르고
상황에 따라 모든 이들이
움직인 것이랍니다.

물고기 주던 시대를 마치려
다시 6.25 전쟁을 치릅니다.
한국전쟁에서 세계 젊은이
목숨들이 뿌려진 후에야
비로소 한국에선 3천만 명
세계 인구 30억 명이 제대로
맞추어집니다.

우리 대한민국은 물고기
잡는 법을 넙죽 전수받아서
무럭무럭 성장했습니다.
즉 몸통이 활동하던 시절.
인구는 급속하게 늘어나
70억을 초과해 버렸습니다.

2021.07.30./서경례/다리에서 몸통으로

이○○   물고기요.
       옛날에는 잘 잡았는데 지금은 잡기 힘들어요.

# Era Change(2/3)

## 2. How to catch fish.

The times have developed.
After Truman heard the news
of the completion of nuclear
weapons development during
the war, he immediately dropped
a nuclear bomb on Japan without
hesitation, and many Japanese
people died.

However, in fact, until now, everyone
has moved according to the situation
without knowing what they are good at.

To end the era of giving fish,
the 6.25 War is fought again.
It is only after the lives of young people
around the world are shed in the Korean
War that 30 million people in Korea and
the world's population of 3 billion
have been adjusted.

We, the Republic of Korea,
have been taught how to catch fish
and have grown rapidly.
In other words, the time when body
knowledge was growing and active.
The population has grown rapidly
and exceeded 7 billion.

2021.07.30./Seo Gyeong-rye/From legs to body

# 시대 변화(3/3)

**3. 생각의 패러다임 확장**

우리가 짧은 생각 속에 또는 단순한
생각 속에 있다 보면 큰 틀을 놓쳐요.

엘리베이터에 정원 초과하게 되면
경고음이 삑삑
주택이나 아파트이거나 사무실도
수용 가능 수가 초과되면 다들 힘들지요.

생각을 더 확장해 봅시다.
서울이라는 특별시도 사람이
초과되니까 주변으로 넘어가야 됩니다.

더욱더 확장해 보면 대한민국에서
구직자도 초과되어서 이젠 여기엔
장사 같은 할 일들이 없고 생각을
더욱더 확장해 보면 지구라는 푸른 별도
수용인구 초과되니 각종 부작용이
파생되었습니다.

<u>우리는 모두 공간 속에서 3차원 물질
공간 속에서 살고 있는데요.
작은 공간부터 지구까지 적당한
수용 가능 수가 있습니다.</u>
큰 틀에서 보면
(저출산에 대해서 고민하는 국회의원들이
단편적인 정책으로 국민의 세금을 더 이상은
낭비하지 말고 이제는 큰 틀에서 생각을
하라고 힌트를 드립니다.)

2021.07.30./서경례/생각을 확장해서 보는 지혜

# Era Change(3/3)

## 3. Expansion of the paradigm of thinking

When we are in short thoughts
or in simple thoughts,
we miss the big picture.

If the elevator exceeds the capacity,
an alarm sounds.
It is difficult for everyone, whether
it is a house, an apartment, or an
office when the capacity is exceeded.

Let's expand our thinking further.
Even in a special city called New York,
there are too many people living there,
so you have to move around.

If you expand further, the number
of job seekers in the big city is also
exceeded, so there is nothing to do like
this business. If you expand your thinking
further, various side effects have been
derived as the Blue Star Earth exceeds
its capacity.

We all live in a three-dimensional
material space. If you look at the big
picture, from a small space to the earth,
there is a reasonable number of
accommodating it.

2021.07.30./Seo Kyung-Rye/Wisdom to expand thinking

# 질투에 대하여(3/5)

### 2편에 이어서

여자가 악의적으로 이혼해 주지 않을 때, 마침 남자가 우연히 자녀로부터 여자가 바람피운다는 정황을 듣고 사진을 가져온다거나, 증거 될 만한 자료를 가져오면 남자의 머릿속에 질투가 나는 것이 아닙니다.

남자는 쾌재를 부릅니다.
"야, 이거이 웬 떡이란 말이지!"
"살았다. 드디어 벗어날 수가 있네"
라고 하면서 한 치의 망설임도 없이 바로 법원에 이혼 소장을 접수시킵니다.

그러면서 겉으로는 화내고 속으로는 여자가 바람피운 것을 고맙게 생각하죠. 그동안 징글징글 싫었기 때문입니다.

싫은 사람하고 같이 사는 것이 얼마나 고역인지 잘 아실 겁니다.
더군다나 혼인 관계로 묶여 있으니 목줄에 묶인 것하고 같은 것입니다.

따라서 이혼을 원하는 쪽은 질투하지 않고, 상대방을 필요로 하는 쪽이 한쪽이 외도했을 때에 질투를 하는 것입니다.
-계속-

2021.07.20./서경례/내면의 질적 차이가 심할 때에

# About jealousy(3/5)

## following part 2

When her woman maliciously refuses to divorce him, he just happens to hear from her child that she is cheating on her. So, if her children bring her photos, or any other evidence of her, her man is not jealous of her cheating on her.

Men shout because they like it.
"Hey, what kind of luck is this!"
"I lived. I can finally get out."
Without hesitation, he immediately files a divorce petition with the court.

A man appreciates the fact that a woman cheated on him. Because he hated it so much. He knows how hard it is to live with someone he doesn't like.

Moreover, since he is bound by marriage, it is as if he were bound by his collar.

Therefore,
the person who wants a divorce is not jealous, but the person who needs the other person is jealous when one of them cheats.
-continue-

2021.07.20./Seo Kyung-Rye/
Jealousy is the emotion of a low-quality person.

# 질투에 대하여(4/5)

**3. 도를 닦으면 질투심이 없어진다?**

도를 닦는 사람은? 분명 도인이 아니지요.
도인이 되고 싶은 사람입니다.
그래서 당연히 질투합니다
도인이 될 때까지는 그래서 상대방의
우수한 부분이 얼마나 좋은 것인지
알기 전에는 질투를 합니다. 모르니까요!
여러분도 이미 수없이 경험했어요.

참으려고 해도 결코 참을 수 없는 나.
도인이 아니기 때문입니다.

저 밑바닥에 탁한 찌꺼기가
그대로 가라앉아 있는 것입니다.

마치 암세포가 숨어있다가 순간
퍼지는 것처럼 갑자기 나옵니다.
물이 아예 맑아진 것이 아니고, 잠시
혼자 있어 흙탕물이 아래로 가라앉은 것

질투는 그런 것입니다.
질투가 나는 것은 막지 못합니다.
사람의 수준이 상대보다 올라가면
그 단계에선 질투를 하지 않습니다.
-계속-

2021.07.20./서경례/도인과 도를 닦는 자의 엄청난 차이

**청하**  질투 없으면 산송장
**서경례 청하**  질투 대신 상대를 인정하고 관계를 잘 맺으면,
그가 가진 에너지를 받을 수도 있고,

# About jealousy(4/5)

### 3. Does studying the truth eliminate jealousy?

While studying the truth, the realization is not yet deep. So of course they are jealous. Even while studying, if someone sniffles next to you and swears at you, you get up and reveal your true nature. You have already experienced it countless times.

I can't stand it no matter how hard I try. This is because he is not a person who has fully realized the truth of knowing the dignity of the other person. At the bottom there is still low-quality dregs that have settled as it is.

Jealousy comes out suddenly, as if cancer cells are hiding and then spreading.
The water wasn't clear at all, but the muddy water sank to the bottom for a while.

Jealousy comes out in such a state.
Jealousy cannot be stopped.
When a person's level is higher than that of the other person, he does not become jealous at that level.

An actor with a pretty face is not jealous of his appearance. But if someone else is much more popular than her, she gets jealous because of it.
-continue-

2021.07.20./Seo Kyung-Rye/The huge difference between the enlightened and those who are studying.

# 질투에 대하여(5/5)

**4. 그렇다면 시기와 질투를 하지 않는 방법은 없는 것일까?**

있습니다.
사람이라는 존재의 의미를 알면
질투할 필요가 없지요.

잘난 상대방이 왜 보이는지를 알고,
상대방을 인정하고, 그가 가진 에너지를
받아들이면서 충분히 나를 상승시킬
에너지로 쓸 때 질투하지 않게 되고,
오히려 감사하다는 생각을 합니다.

남편이 바람피우는 것은 나의 낮은 수준을
알려주는 것임을 알고, 스스로를 돌아보고
다시 자신의 수준을 끌어올릴 때
질투하지 않습니다.

노력하면 돌아오는 것이 사람인데
질투를 하면 점점 더 멀어지고 이혼합니다.
아주 잘생기고 멋진 놈이 보이네.

"햐아 저걸 촬영할 때 배우로 쓰면 어떨까?"
라고 생각하면 보석처럼 너무 반가운데,
내 외모하고 비교하면 그냥 짜증이
나면서 질투를 합니다.

잘생긴 보물을 줘도 유익한 사람으로
만들 능력이 부족하면 질투를 합니다.
질투는 능력 부족입니다.

나를 모르고
내가 무엇을 가졌는지를 모르고,
(실제 따져보면 분명 좋은 조건 있음)

상대방을 모르고
상대방이나 상황을 유익하게 만들 능력이
없을 때에 우리는 누구나 질투를 합니다.

사람은 최고의 선물입니다.
우리 인연으로 만드느냐 아님
질투해서 사람을 놓치느냐!
선택은 여러분의 몫입니다.

2021.07.21./서경례/질투하면 손실입니다.

# About jealousy(5/5)

**4. So, is there no way to avoid envy and jealousy?**

there is.
There is no need to be jealous if you know

what it means to be a person who came to me. You just need to know why the good-looking person looks at you. When you acknowledge the other person, accept the energy he has, and know that it is an opportunity to elevate you enough, I feel grateful.

Knowing that my husband cheating on me is a sign of my low standards, I'm not jealous when I look back on myself and raise my social standards again.

People come back if we work hard, but if we get jealous, we get farther away and get divorced.

I see a very handsome and nice guy.
If God gives you a handsome treasure, but you lack the ability to make it useful, you become jealous.

The reason for jealousy is my lack of ability. If I don't know myself and I don't know what I have, I get jealous. (Actually, there are definitely good conditions)

We all get jealous when we don't know the other person and don't have the ability to make the situation better.
It's a computer-generated emotion.

People are the best gift.
Are we making a great relationship or are we missing people out of jealousy?
It is truly our choice.

2021.07.21./Seo Kyung-Rye/If you get jealous, you lose.

# 강아지를 왜 키울까?

## 1. 개는 유익한가?

개는 필요한 사람이 키우면 개와 사람에게
서로 유익합니다. 그러나 지금의 아파트
구조는 마당이 있는 주택이 아니고
여러 사람이 모여 사는 집단 생활이라서
개가 생활에 필요하지 않습니다.

결국은 동물은 사람과 사람을 만나게
하기 위한 방법적인 도구가 되는 것이지
주목적이 될 수는 없다는 사실입니다.
지금은 주객전도된 현상이라
사람보다 개를 꿀단지 모시듯 끌어안고
살고 있습니다만 이것은 개를 사랑하는
것이 아닙니다.

## 2. 반려견이 기쁨과 행복을 준다?

이런 것을 상식이라고 합니다.
개는 인간에게 즐거움이나 기쁨을
줄 수가 없습니다. 행하고 복을 받는
행복감은 더욱 줄 수가 없습니다.

사람의 감정도 단계가 있습니다.
이쁜 강아지 보면, 햐아아아~~~
그러면서 손으로 만져보고 싶지요.

그런데 얼마나 가던가요?
좋아했던 감정들 말입니다.
시간이 지나면 그것도 시큰둥, 다른 더
좋은 것이 생기면 흥미 없어요.
즉 좋아했던 것은 시간이 지나면 싫증도
나고, 싫어지기도 합니다.
좋아했던 사람도 싫어지지요!
우리는 아직 즐거움을 맛보지 못했고,
고생만 했습니다.

고생 끝에 낙이 온다 했으니,
다음엔 즐거움을 맛보아야 하는데
차원 높은 그런 감정은
사람을 통해서만 가능한 것
동물이 아무리 좋다 하나 그건 어디까지나
좋은 것 기쁨이나 행복을 가져다주는 것은
분명 아닙니다.
귀엽잖아요. 필자도 좋아합니다.

우리가 자녀를 낳았을 때 너무 귀여워서 "강아지가 눈에 선하겠다. 이 대리"라고 귀여운 아기를 표현하는 것을 들을 수 있습니다. 유아들을 강아지라고 표현하는 것은 그만큼 단순하고 미성숙한 존재임을 암시하는 것입니다.

어려서 사회생활을 할 수 없는 존재이고, 어른 도움을 받거나 사회적 도움을 한참 동안 받아야 비로소 성숙합니다. 강아지 즉 개는 어린 아기처럼 단순한 동물입니다. 특히나 여성들이 자꾸 강아지에 집착하는 것은 이러한 인격적 미성숙을 의미하는 것입니다. 질이 낮은 단계에 있음을 반증하는 것입니다.

어떤 이유를 붙이더라도 움직일 수 없는 진실입니다. 우리가 어릴 적엔 강아지와 놀다가 성년이 되면 성숙한 어른으로 변해서 그만큼 사회적 환경에 적응하면서 저절로 강아지와 멀어집니다.

또 표범이든 사자든 어린 새끼는 사정상 키우다가 때가 되면 자연으로 돌려보내는 것이 현명함을 알고, 넓은 자연으로 보내는 것을 볼 수가 있습니다. 그것이 정상인 것입니다.

동물은 동물이 있어야 할 곳이 있고, 사람은 사람끼리 어울려야 하고, 가치 있는 목표와 인생을 찾아가면 동물도 사람도 만족스럽고 허전함이 없어집니다.

인생이란 것이 결국은 사람을 접촉해가는 경험을 계속 쌓아가는 것인데, 고차원 즉 사람이라는 까다로운 존재에게 적응하는 실력이 없다보니, 단순한 짐승인 강아지에 집착하는 것입니다.

동물은 나만을 기다리고, 내가 하는 명령에 절대적 복종을 하고, 죽을 때까지 오매불망 나만 바라본다는 사실 때문에 지금 야외 환경도 아닌 아파트에서 개를 키웁니다.

우리가 자녀를 키우다가도 자녀가 성장하면
훨훨 날아가서 자녀 인생을 살아가도록
보내는 것이 자녀를 사랑하는 지혜로운
부모입니다. 그러나 자녀가 사회적으로
자꾸 클수록 부모를 보는 횟수는 적어집니다.
그것이 좋은 것입니다.

자녀를 진정 사랑하는 부모는 자녀가
자랑스러운 공인이 되어 인정받을 때 눈물이
나는 것이고, 내 곁에 있을 때 만족하지는
않습니다. 공인은 크게 가는 것이고,
사인은 작게 가는 것입니다.

나를 존경하거나, 나를 존중하는 사람이
없을 때 또 내가 존경하는 사람이 없거나,
만나고 싶은 사람이 없을 때 바로 우리는
외로워서 무언가 채워지지 않고 허전해서
강아지를 찾아서 키웁니다.
강아지가 우리를 찾는 것이 아니고,
우리가 개를 찾아서 키우게 됩니다.

에너지는 끼리끼리 어울리는데 강아지에
신경을 쓰는 딱 그만큼 우리는 정확하게
사람한테는 소홀할 수 밖에 없습니다.
특히나 사회적 관계에는 더욱 투입할
경제적 에너지와 시간이 없어집니다.

사람하고 멀어지지요.

사회가 필요로 하는 사람은 시간이 늘
부족합니다. 또 가치를 찾아가는 사람은
공부하기도 바쁘기에 강아지와 놀 시간이
없어지고, 자연스럽게 강아지를 그만
키우도록 환경이 조성됩니다.
강아지가 죽던가 아니면 다른 사람이
강아지를 달라고 하면서 데리고 가든가
일이 생기는데 짜증내지 마시고 순하게
다르면 됩니다.

지구상에서 가장 발달된 나라,
2021년 대한민국에서 강아지가 사람보다
점점 윗자리를 차지하고 있습니다.
심지어는 은행에서도 금융상품으로
개를 상대로 하는 "양육자금 지원 유언신탁"
(즉 사람이 죽어도 개를 키울 수 있도록 미리
유언신탁을 한다는 것으로 보입니다.)을
광고까지 하는데 정상이 아니지요.

고기도 지나치면 괴기로 변하듯이,
강아지를 키우는 것도 지나치면
강아지 목줄을 잡고 강아지를 따라가면서
똥을 치우고 강아지를 시중드는 인간으로
전락하는 것입니다.

옆에서 잘 관찰을 해 보십시오.
강아지와 점점 질을 맞추어 간다는 사실 앞에서 우리는 지금의 사회현상이 그냥 단순한 것이 아님을 냉철하게 인식할 필요가 있습니다. 사회적 질이 떨어지는 현상입니다.

## 3. 인간들이 개를 사랑한다?

이것도 상식입니다. 개를 사랑하는 것이 아니고, 학대하는 것입니다. 인간들이 좋아하는 방식으로 만들어 가는데 집착입니다.

이쁜 옷을 입히고, 리본을 달고, 개모차에 데리고 다니는 것이 본능적으로 움직이고자 하는 짐승에겐 좋은 것이 아니고, 짐승이라 종속되어 어쩔 수 없어서 따라가는 것입니다.

강아지는 우리의 환경적인 조건들입니다. 당연히 유익하게 잘 관리해야 하고, 사랑하는 인격적인 존재는 결코 아닙니다. 사랑은 사람끼리의 차원 높은 것이기 때문입니다.

## 4. 우리는 왜 강아지에서 벗어나야 할까?

사람이 사는 것은 이유가 있어서 살고 있습니다.
사회에 봉사를 해서 죽음에 직면할 때 후회 없이 가볍게 맞이할 수가 있습니다.
따라서 지금은 사람을 상대하기도 시간이 부족합니다.

시간이 참으로 빠르지요?
사람은 누구나 완전하지 못하기에
사람끼리 서로 부족한 부분을
채워주지 않으면 살아가지 못합니다.
만일에 계속해서 개를 끌어안고 살다가
죽으면 그 사람은 헛살았다는 결과가 됩니다.
즉 한 치도 상대를 위해 실천한 것이 없으니,
삶이 없는 것이나 마찬가지입니다.

닭 쫓던 개는 지붕 쳐다보면 닭이라도 보이지만 평생을 개만 끌어안고 살다가는 아기가 물거품을 따라가다가 거품이 없어져 허공을 쳐다보듯, 나중엔 아예 "뻥 없어져 버렸네"라는 현상을 경험합니다.

물질은 돈이든 강아지든 그것을 목적으로 하면 이룩된 것이 없어 허무한 것입니다.
다시 말하면 개 엄마 개 아빠로 사는 것은 "인생무상"입니다.

2021.07.28./서경례/개와 인생무상이라는 결과

# Why Raise a Dog?

## 1. Are Dogs Beneficial?

Dogs are mutually beneficial to dogs and people if they are raised by those who need them. However, the current apartment structure is not that of the spacious United States or Europe.

It is not a house where dogs can be kept because it has a yard, but many people live together in a small space.
It is the most efficient housing culture, but since it is a group life, dogs are not necessary for life.

No animal can be more than a human being. In the end, animals become a method tool for meeting people, not the main purpose. Now, because it is a wrong deformity, we are living with a dog rather than a human being, but this is not a dog love.

## 2. Does your dog give you joy and happiness?

This is called common sense not truth.
Dogs cannot give pleasure or joy to humans.

Human emotions also have stages.
The feeling for a dog is a momentary liking, but the feeling of love is no.
When you see a pretty puppy, ~~
And you want to touch it with your hands.

We just need to think about the things that we have enjoyed buying luxury goods or Mercedes-Benz so far.

But how long did those feelings last? Even if we drive a good car for only a month, we get bored. The human feelings you had when you saw a puppy aren't interested in anything better.

The things we liked about dogs get tired of and dislike over time. That means likes are temporary. It is said that joy comes after hard work, so next time you have to taste the joy. Such high-level emotions are only possible through people.

No matter how good animals are, they are always good. Obviously, dogs don't bring you joy or happiness. Pet dogs are cute. I also like dogs.
When we give birth to our children, you can hear us compare our cute baby to a puppy. To describe infants as puppies implies that they are simple and immature beings.

All animals, including dogs, are simple. Especially, when women keep obsessing over dogs, this means personal immaturity. It proves that the quality is at a low level. It is a truth that cannot be moved no matter what reason is attached.

When we are young, we play with dogs, and when we come of age, we turn into mature adults, adapting to the social environment and moving away from the dog by itself.

In addition, young cubs, whether leopards or lions, are raised for circumstances, and when they grow up, they are sent out to nature. That is very normal.

Animals have a place where they need to be, and humans need to mingle with people. When you find a worthy goal and life, both animals and people are satisfied and the emptiness disappears.

Life is ultimately about accumulating experiences of making contact with people. Since you do not have the ability to adapt to the high-order, demanding human beings, and you do not have the social skills that are recognized by people, you are obsessed with a simple beast, a dog.

You keep your dog in a small apartment, not even outdoors, because of the fact that the animal waits for you, absolutely obeys your commands, and only looks at you until she dies.

Even though we are raising our children, when they grow up, they fly away and spend their children's lives as wise parents who love their children. That's a good thing.

Parents who truly love their children shed tears of joy when their children become proud public figures and are recognized, and are not satisfied when they are with them. Being public is going big, living with a dog is going small.

When there is no one who respects me, or when there is no one I admire or want to meet, we are lonely and empty, so we find and raise a puppy. Puppies don't look for us, we find them and raise them. Energy finds a suitable mass for each other. Just as much attention is paid to dogs, there is no choice but to neglect people. In particular, your social relationships run out of energy and time to invest more. You move away from people.

People who find value are too busy studying, so they don't have time to play with their dogs, and an environment is created to naturally stop raising them.

In a developed country, South Korea in 2021, dogs are increasingly occupying a higher position than humans. Even banks advertise products that offer a will in advance so that a dog can be kept even if a person dies.

Just as meat turns into a monster if you eat too much, if you go too far with a dog, you will be degenerated into a human being who takes care of the dog by holding the dog's leash and following the dog, clearing the poop. Please observe carefully from the side.

In the face of the fact that humans are increasingly matching quality with dogs, we need to coolly recognize that the current social phenomenon is not a simple problem. It is a phenomenon of declining social quality.

## 3. Do humans love dogs?

This is also common sense. It's not loving dogs, it's abusing them. Humans are obsessed with making dogs the way they like.

Wearing pretty clothes, attaching ribbons, and carrying a dog in a stroller is not good for an animal that instinctively wants to move, but because it is an animal, it has no choice but to follow it.

Dogs are our environmental conditions. Dogs are, of course, beneficial and well-maintained, but they are by no means loving personal beings. Because love is a higher level between people.

## 4. Why should we get away from puppies?

People live for a reason. You have to serve the society while you are alive, eradicate your sins, and face death lightly with no regrets, so that you can become a pure existence forever. We don't have much time left to deal with people right now.

Does time really go by so fast?
Since no one is perfect, we cannot survive unless we fill each other's shortcomings.

If someone continues to live with a dog and dies, that person is considered to have died in vain. In other words, he did nothing for the other person, as if he had no life.

If you spend your whole life hugging a dog, just like a baby chasing bubbles and looking into the air as the bubbles disappear, later on, they experience the phenomenon of "disappearing".

Matter, whether money or a dog, is useless because nothing has been achieved if it is for the purpose of it.
In other words, living as a dog mother and dog father is "a life in vain."

2021.07.28./Seo Kyung-Rye./
The result of a dog and an empty life

# 대장동 사건을 바라보며(1/62)

어려운 국민의 살림살이에 비해서 거론되는 돈의 규모가 억억 소리가 날 정도로 참으로 큰 사건이고, 2022년 12월 05일 뉴스에서 빼놓을 수 없는 것이 대장동 사건이기에 메시지를 드립니다.

두 정당의 화합이 절실히 필요하건만 그렇지 못하니 그 피해는 고스란히 국민의 몫입니다.

방송을 아무리 보아도 원인에 대한 분석은 어디에도 누구도 말을 하지를 못하고 서로 상대를 탓하기에 바쁜 지금 지식인이면서 국민인 우리가 서로의 문제점을 나누어 보고 스스로 원인을 알아가는 것이 필요하겠지요.

드리는 모든 메시지는 퍼즐을 맞추듯이 연결하면서 계속 보시고 여러번 보셔야만 미래를 열어가는 우리에게 지적으로 유익합니다. 무식한 삶이 미래엔 힘들어지는 것은 당연하고 또 그 사건은 우리 모두의 삶과 연결되어 있기 때문입니다.

1. 사건을 보는 관점
2. 야당의 문제점과 나아갈 길
3. 사법체계의 미래방향
4. 여당의 문제점과 나아갈 방향 등을
   순서대로 설명을 드릴게요.

2022.12.05./서경례/미래를 위한 메시지

임○○  이 시기에 정말 딱 좋은 글이 되겠네요. 기대할게요.

# Looking at the Daejang-dong Criminal Case(1/62)

Daejangdong Gate is a larger case than any previous corruption case in terms of the amount of money being discussed compared to the people in need.

On December 05, 2022,
I will give you a message for humanity because it is a daejangdong incident that cannot be taken out of the news.

For future peace, harmony between the two representative political parties of the Republic of Korea is desperately needed.

No matter how much I watched the broadcast, there was no analysis of the cause anywhere, and I saw that no one could speak. And they are busy blaming each other.

However, even in this state, as intellectuals and citizens, we need to share each other's problems and find out the cause ourselves. Continue reading all of my messages, connecting them like a jigsaw puzzle.
And it's easier to understand when you see what I'm giving you several times.
I will melt together many laws of nature that correspond to the truth here.

Because it is natural that an ignorant life will become difficult in the future, and the incident is connected to the lives of all of us.

1. Perspectives on Criminal Cases
2. Opposition parties' problems and the way forward
3. Future direction of the judicial system
4. I will explain the problems of the ruling party and the direction to move in order.

2022.12.05./Seo Gyeong-rye

# 대장동 사건을 바라보며(2/62)

우리 친구님들은 지식인입니다. 지식인이 아니라면 단순한 글이 아닌 필자의 메시지를 계속해서 보지 않습니다. 드리는 글은 인류의 지식인을 위한 것인데 필자가 한국인이다 보니 한국어로 먼저 나가는 것이고 여기 대한민국 땅의 지식인이 먼저 깨어나야 하겠지요.

그렇다면 지식인으로서 우리가 대장동 사건을 어떤 관점에서 바라볼 것인가는 중요한 포인트가 됩니다.

## 1. 사건을 보는 관점

여러분이 대장동 사건을 단순히 여당과 야당의 싸움으로만 본다면 여러분의 비싼 시간을 소비해서 뉴스를 보면서도 그만큼의 유익한 공부를 하지 못하고 과거의 그 자리에 머무는 결과가 됩니다.

대장동 사건은 지식인의 현주소를 나타내는 모델이 됩니다. 사건의 당사자들이 전부 지식인이지 무식자는 아니지요. 지식인들이 점점 힘들어지는 시대가 다가오고 있습니다.

2022.12.05./서경례/관점을 바르게 해야 비로소

# Looking at the Daejang-dong Criminal Case(2/62)

Our friends are intellectuals.
Unless you're an intellectual, you don't continue to see my messages that aren't just text.
The writing I am giving is for all people of mankind, but since I am Korean, I will go out in Korean first.
Then, as intellectuals, it becomes an important point in what perspective we will look at the Daejangdong incident.

## 1. Perspectives on Criminal Cases

If you simply view the Daejangdong incident as a fight between the ruling party and the opposition party, you will spend your expensive time watching the news, but you will not be able to study usefully and you will end up staying where you were in the past.

The Daejangdong Incident becomes a model that represents the current state of intellectuals.
The parties to the case are all intellectuals, not ignorant.
I once said that the age of intellectual suffering is approaching.

2022.12.05./Seo Gyeong-rye
/Only when the point of view is correct

# 대장동 사건을 바라보며(3/62)

지식인인 우리가 확인하고 넘어가야 하는
것이 있습니다.
이 사건이 지식인들에게 보내는
메시지인 줄도 모르고 따라서 그들이
대표적으로 희생양이 되는 것인 줄도 모르고
그들의 곤경을 남의 일인양 처벌을 주장하는
우리의 무지와 심중의 악한 본성을
우리는 확인해야 합니다.
우리는 그 정도로 선하지 않고 악합니다.
사촌이 땅을 사도 배가 아프잖아요.
남이 잘되거나 돋보이면 배가 아프고.

그럼 사건에 연루된 자가 소속해 있는
야당을 볼까요?
여기서 우리가 무엇을 연구해야 하고
왜 불행한 사태가 반복되는지에 대해서
고민 없이 주야장천 상대를 원망합니다.
모든 일은 당사자가 존재하고 본인들의
행적들이 디지털로 기록됩니다.

그저 평범한 일반인의 지위가 아니고
타이틀의 무게가 막중하기에 드러나는
시대임에도 상대를 원망하는 것은 우리의
무지가 깊은 까닭입니다.
청년 시절부터 지식인 각자는 돈과 지식
중에서 분명 선택을 했습니다.
지식을 선택했다면 경제인이 아니라는
얘기가 됩니다.

지금의 사건들은
그런 젊은 청년들이 지식인으로 성장했으니
한 단계 업그레이드된 가치있는 미래의
패러다임을 찾지 않고 스스로 선택한
순수 지식인의 길을 벗어나 돈에 눈을
떴을 때에 어찌 된다는 메시지를 뉴스를 통해
모든 이에게 보게 하려고 벌어지는 일입니다.
많은 지식인과 당사자들을 깨우려 벌어지는
일인 줄도 모르고 있는 우리의 무지는
오늘도 여당은 야당을 야당은 여당을
서로 탓하고만 있습니다.

2022.12.06./서경례/국민을 깨우려고 만든 희생양

**임○○**     인간의 본성이 아닐까?
            남을 눌러야 내가 올라간다는 상상.

# Looking at the Daejang-dong Criminal Case(3/62)

There is something that we as intellectuals need to check and move on.
Looking at this unfortunate situation, those who support the ruling party are trapped in the idea that those involved in the Daejangdong incident are the opposition party, and their suffering is completely ignored. They do not know that this incident is a message to intellectuals, including the ruling party, and therefore they do not know that they are representative victims.
Therefore, we must confirm our ignorance and the evil nature of our hearts to insist on punishing their plight as someone else's.
Then, shall we look at the opposition supporters to whom the person involved in the incident belongs?
Without worrying about what we should study here and why the unfortunate situation repeats itself, he criticizes his opponent day and night. Everything is derived from ourselves, the person exists and their actions are digitally recorded.
It is because of our deep ignorance that we constantly resent our opponents even in an era where titles are not just ordinary people's status, but the weight of titles is so great. From youth, each intellectual has made a clear choice between money and knowledge. If we choose knowledge, then we are not entrepreneurs.
Now that these young people have grown into intellectuals, the current incident can be stopped only by finding a worthy future paradigm that has been upgraded to the next level.
This case is what happens to let everyone see the message through the news that what happens when you open your eyes to money, as entrepreneurs do, away from the path of pure intellectuals who have chosen themselves.
Our ignorance, which we do not even know that it is happening to wake up many intellectuals and parties, is that the ruling party is blaming the opposition party and the opposition party is blaming each other today.

2022.12.06./Seo Gyeong-rye
/Sacrificial lamb made to wake up the people

# 대장동 사건을 바라보며(4/62)

여당 야당을 나누어 말을 만든 것도 지식인입니다. 그러나 지금까지 그에 따른 역할은 몰랐으니 우선은 야당의 역할을 이해가 쉽도록 먼저 설명하겠습니다. 분량이 좀 나오겠네요.

**2. 민주당의 문제점과 나아갈 길**

현재 민주당을 지지하는 친구님들을 위해서 드립니다. 민주당 지지자들은 상대당을 비판하지 않는 것이 좋습니다. 우리가 상대 당을 사랑한 적도 없잖아요. 알지도 못하면서 여러분을 누군가가 비판하면서 얘기한다면 여러분은 좋겠습니까?

진리가 아닌 것을 가지고 아무리 떠들어도 문제가 풀어지지는 않습니다.

2022.12.09./서경례/상대를 사랑해야 하는 이유

**백○○**  국민도 문제입니다.
야당 정치인이 여당을 미워하면 같이 무작정 같이 미워하지요.
여당도 마찬가지 무턱대고 상대 당을 같이 미워한다는 것이
 문제 아닐까요?

# Looking at the Daejang-dong Criminal Case(4/62)

It is also intellectuals who made words by dividing the ruling party and the opposition party.

However, since you have not known the role of it so far, I will first explain the role of the opposition party so that it is easy to understand.

## 2. The Democratic Party's problems and the way forward

I present it for my friends who currently support the Democratic Party. Democratic supporters are advised not to criticize their opponents. We've never loved the other party. Would you like it if someone criticized you and talked about you without even knowing it?

No matter how much you talk about things that are not the truth, the problem will not be solved.

2022.12.09./Seo Gyeong-rye

# 대장동 사건을 바라보며(5/62)

대신 민주당의 문제점을 부지런히 연구해서 교정을 해야 민주당이 발전하는 것이지 상대를 탓한다고 민주당이 발전할 수는 없습니다.

이미 다들 경험을 했잖아요.
모든 권력을 받았었고 대통령도 민주당에서 나오도록 했었고 각 부 장관들도 전부 차지했었습니다.
국회의 의석도 그냥 국민이 왕창 옛다 밀어주어서 169석이나 주었습니다.
무엇을 더 줄 수 있단 말인지요?

아무리 많이 주어도 무지하고 무능하면 방법이 없이 국민은 떠나갑니다.
물이 손에서 소리 없이 빠지듯이~

5년이 지난 지금 결과는 뉴스에서 보듯이 부실했고 몰랐었고 그들끼리 싸우고 화물연대의 파업으로 이어집니다.
지식인이 민주당을 떠나가고 있습니다.
지식인이 떠나가는 조직은 정치 조직이든 신앙조직이든 앞으로는 버티지 못합니다.

아직까지는 젊은 계층이 지지해 주고 있지만 서서히 그런 계층도 성장하면서 눈을 뜨기 시작할 테니 우리는 진짜 실력을 갖추고 정도를 걸어가야 합니다.

2022.12.09./서경례/우리 자신을 먼저 알고

윤○○   항상 좋은 글에 감사합니다.
그동안 우리 사회가 경험하지 않아도 될 것을 너무 많은 돈을 주고 배웠는데도 정치하는 사람들이 국민보다 먼저 깨우치지 못하고 있네요.

# Looking at the Daejang-dong Criminal Case(5/62)

Instead, the Democratic Party can develop only when it diligently studies and corrects the problems of the Democratic Party, and the Democratic Party cannot develop by blaming the opponent.
We've all already experienced it.

The Democratic Party received all power, the president had to come out of the Democratic Party, and all ministers were occupied, and the people made it anyway. As for the seats in the National Assembly, the people gave them 170 out of 300 seats because the people just pushed them. What more can the people give to the Democrats?

No matter how much the people give, if you are ignorant and incompetent, the people will leave without a way. As water silently drains from your hands, it comes out quietly.

Five years later, the political results, as seen in the news, were poor and unknown, leading to a strike by the cargo union. It proves that the labor problem has not been solved.

Intellectuals are leaving the Democratic Party.
Any organization where intellectuals leave will not be able to stand in the future, whether it is a political organization or a religious organization.

So far, the younger class is supporting them, but gradually that class will start to open their eyes, so we must be equipped with wisdom and walk with the correct answer.

2022.12.09./Seo Gyeong-rye/Knowing ourselves first

# 대장동 사건을 바라보며(6/62)

우리가 즐겨보던 사극 드라마를 보면
고관대작이 사는 집에는 노비들이 많습니다.
노비들이 밥하는 것부터 집안의
대소사들을 전부 담당했습니다.

중앙에 정치하러 나가는 고관대작이
아침에 에헴 하고 나옵니다.
그리고 가마 위에 올라탑니다.
그러면 기다리고 있던 낮은 신분의
가마꾼들이 높은 신분의 주인이 탄
가마를 어깨 위로 메고 가는데 숫자가
한 명이 아니고 4명이거나 8명이거나
아무튼 이 한 명을 태우느라 여러 명이
기다리고 눈치 보고 낮 시간에 알짜
힘을 씁니다.

귀족인 정치인 한 명이 걸어가는 수고로움을
겪지 않으려면 이렇게 여러 명이 고혈을
짜야 하는데 이런 중앙의 귀족은 지금의
국회의원으로 바뀐 것이고 그들을 아래에서
떠받치고 가마를 몰던 노비들의 신분은
지금 노동자로 바뀌어 있었던 것이지요.

옛날의 가마가 제네시스 자동차로 KTX
기차로 대한항공 비행기로 바뀐 것이고
노비들은 철강과 시멘트를 실어나르고
있는 화물 노동자들로 기관사로
각 분야의 노동자로 바뀐 것입니다.
잘 관찰을 해보시면 나옵니다.

편하게 위에서 둥둥 떠다니면서 출근하는
중앙의 머리 신분 귀족인 국회의원들이
누구를 위해 살아야만 하는지 생각이 있고
짱구가 아니라면 알 수가 있습니다.
아래를 위해서 살아야만 무탈한 것이지요.

2022.12.10./서경례/노동자들의 눈물과 恨

**박○○**   손가락 자르질 말고 잘 찍어야겠는데
　　　　　왜 그게 그리 어려운지 ㅎㅎ

# Looking at the Daejang-dong Criminal Case(6/62)

If you look at historical dramas that we enjoy watching, there are many slaves in the house where the high official lives. The male and female slaves were in charge of everything from cooking to household chores.

A high official going out to politics in the center comes out in the morning dressed up and saying ahem.
And he climbs on top of the horse.
Then, the waiting palanquin owners of a lower status carry the palanquin of the owner of a higher status over their shoulders.
the number of palanquins is not one, but four or eight.
After all, several people are waiting for this one person to notice, and they spend their energy during the day.

In order not to go through the trouble of walking one aristocratic politician, several people have to work hard, but this central aristocrat has changed to the current member of the National Assembly.

Also, the status of the slaves who supported them and drove the kilns was now changed to workers.
The old palanquin was changed to a Genesis car, a KTX train, and a Korean Air plane.
The slaves were changed to workers in each field as locomotive workers who transported steel and cement.
If you observe carefully, you will find out.

Members of the National Assembly, who are the head of the central government and go to work while comfortably floating on top, can know who they should live for if they have an idea and are not stupid.
Nobles are safe only if they live for the people below them.

2022.12.10./Seo Gyeong-rye/Tears and anger of workers

# 대장동 사건을 바라보며(7/62)

피라미드 구조에서 상층 부분이
귀족집단이고 중간이 중산층이고 아래가
바로 서민층이고 노동자가 여기에 포진됩니다.

필자가 이렇게 구체적으로 드리니 계급마다
너무 적나라하게 표현이 될 수도 있어서
낮은 계급에 속하는 부류는 조금
먹먹할 수도 있겠으나
지금부터는 정확하게 자세히 알아야만
세상을 헤쳐나갈 수가 있기에 그냥 그저 듣기
좋고 간지러운 얘기만 할 수는 없습니다.
여러분의 인생은 누가 책임져 주지는
않기에 우리는 알아야 하니까요!

옛날의 노비들과 서민들과 서양의 노예들이
단순한 일만 한 것은 아닙니다.
광범위한 일을 했는데 지금의 전문직들이
하던 일들도 노예층에서 하던 일들이 많습니다.

일부는 지식을 꾸준히 흡수해서 중산층으로
성장했습니다만 예전이나 지금이나 지식을

흡수하는 부분에서 상대적으로 소외된 층이
있었으니 지금의 노동자 계급입니다.
옛날에 양반들이 노비들한테 밥은 먹여 주고
잠도 재워주었고 짝꿍도 만들어 주었으나
절대로 주지 않은 것이 있었습니다.
바로 책을 주지 않았고
교육을 시켜주지 않았습니다.

인간이 성장하는데 가장 중요한 가치가
바로 지적인 성장인데 이것을 상층의
귀족 양반들이 오롯이 독차지했습니다.
지금도 권력을 오롯이 상층의 귀족인
국회의원들이 독차지하고 있는 것처럼 말입니다.

지금 노동자들이 파업을 하면 아래층들의
일자리가 없어지고 서민들의 피해와 기업의
피해가 고스란히 연결이 됩니다만
피라미드 머리 쪽의 귀족계급인
국회의원들의 월급이 깎이나요?
그들의 어떤 부분들이 손실이 나오던가요?

2022.12.10./서경례/모두가 이젠 알아야만

# Looking at the Daejang-dong Criminal Case(7/62)

In the pyramid structure, the upper part is the aristocracy, the middle is the middle class, and the bottom is the working class, and workers are herded here.

If I give you this concretely, each class may be expressed too nakedly, so the class belonging to the lower class may be a little disappointed. However, from now on, you have to know exactly in detail to get through the world, so I can't just say nice things. We need to know the future because no one is in charge of your life.

Old-time slaves, commoners, and Western slaves did not just do simple things. Slaves did a wide range of work, but many of the jobs that professionals did now were also done by the slave class. Some have grown into the middle class by steadily absorbing knowledge, but there was a class that was relatively marginalized in absorbing knowledge, so it is now the working class.

Once upon a time, noblemen fed their slaves, put them to sleep, and made them partners, but there was something they never gave. The nobles did not give the slaves books and did not educate them.
The most important value for human growth is education and intellectual growth, which was exclusively occupied by noble noblemen of the upper classes.

Just as the upper-class aristocrats, the members of the National Assembly, still hold all the power. If the workers go on strike now, the jobs of the lower classes will be lost, and the damage to the common people and the damage to companies will be directly connected.

But if the workers go on strike, will the salary of the members of the National Assembly, the aristocratic class at the head of the pyramid, be cut? What part of them was lost because of the strike?

2022.12.10./Seo Gyeong-rye/Everyone should know now

# 대장동 사건을 바라보며(8/62)

화물노조의 파업으로 잠깐 사이에 국가적
피해액이 5조 원이 넘습니다.
이것은 고스란히 기업의 피해로 돌아가고
다시 국민의 피해로 노동자들의 피해로
전환됩니다. 귀족집단인 국회의원 그중에서도
169석을 차지했었던 민주당이 그동안 한 것이
무엇이었을까요?

아래를 위해서 살아야만 하는 높은 자리의
그들입니다. 책임의 양을 300%로 본다면
169%가 그들의 책임입니다.
지난 5년간 모든 권한을 가지고
있었다는 것은 책임도 함께함을 증명합니다.

노동자들이 누구와 연결이 되어 있습니까?
기업과 연결이 되어 있습니다.
대한민국의 기업들이 적자를 보기 시작했는데
(방산 무기산업이 아닌 일반기업은
적자상태 시작) 국민은 빚으로 사는데
귀족계급인 국회의원들이 그들의 급여는
일정 부분이라도 양보를 하던가요?
물가가 오른다고 해마다 올리지 않았나요?

노동자들이 안전운임제라는 핑계로
지금처럼 초유의 경기침체를 눈앞에
두고 있거나 말거나 나만 살자고
최저임금을 무조건 보장해 달라고 하는 것이
귀족들의 행태를 보고 배워서 하는 것인데
무엇이 잘못된 것입니까?

지난 5년 동안 노동문제를 풀지 못했었고
또한 대장동 사건과 같은 많은 부조리들이
쑥쑥 자라고 있었던 것임을
민주당은 알아야겠습니다.

대장동 사건이든 노동자들 파업이든
우리 대한민국 전체의 문제이고,
안전운임제를 보장해 준다고 노동자들
삶이 좋아지는 것이 아닙니다.

2022.12.11./서경례/노동자들이 배운 것

# Looking at the Daejang-dong Criminal Case(8/62)

The strike by the cargo union causes more than 5 trillion won in national damage in a short amount of time. This goes back to the damage of the company, and it is converted to the damage of the people and the workers. What did the Democratic Party, which occupied 169 seats among the members of the National Assembly, an aristocratic group, have done in the meantime?

They are high-ranking people who have to live for the sake of those below.
If you look at the amount of responsibility due to the union strike as 300%, 169% is their responsibility. Having all the authority for the past five years proves that responsibility also goes hand in hand.

Who are the workers connected to? Workers are connected to companies. Companies in the Republic of Korea are starting to lose money due to rising energy prices, but the people are living with 1,000 trillion won in debt. Even in this situation, did the aristocratic members of the National Assembly concede even a certain portion of their salaries? Didn't you raise your salary every year because of rising prices? Workers strike under the pretext of a safe fare system and ask for unconditional guarantees for their wages, whether they are facing an unprecedented economic recession or not, is what they learn from the behavior of the aristocrats. What is wrong?

The Democratic Party needs to know that the labor issue has not been resolved over the past five years, and that the Daejang-dong incident has been growing. Whether it's the Daejang-dong incident or the workers' strike, it's a problem for our entire Republic of Korea. Guaranteeing a safe fare system does not improve the lives of workers.

2022.12.11./Seo Gyeong-rye/What workers learned

# 대장동 사건을 바라보며(9/62)

귀족은 피라미드에서 높은 자리에 있습니다.
국회의원들이 높은 자리에 그중에서도
노른자처럼 핵심적인 자리에 있습니다.

노동자들이 하체에서 머리의 최고 꼭대기에
앉아있는 그들을 위해 필요한 모든
물자를 대고 있습니다.

누군가는 시멘트를 나르고 운전을 하고
쇠를 만지고 삽을 들어야 하잖아요?
국회의원들 보고 삽을 들고 시멘트를 개라고
하거나 화물자동차 운전하라고 시키면
그들이 하겠습니까?
그런 귀족 자리에 있는 우리나라 민주당이
가진 것들을 살펴볼까요?

## ① 권력을 가졌습니다.

여당이 아무리 해도 민주당이 버티니
민생법안을 통과시키지도 못하도록 거
대한 국회의원 숫자의 권력을 가지고 있어요.

## ② 지식을 가졌습니다.

국회의원들이 노동자들보다 학벌이 좋지요?
필자가 옛날의 노비들한테 주인 양반들이
밥과 잠자리와 성교행위를 할 수 있는
짝꿍까지는 주었으나 책을 주지 않았고
교육을 시켜주지 않았다고
말씀을 드렸습니다.
대단히 중요한 부분입니다.
여러분들 자녀한테 교육적인 환경을 주지
못하게 한다면 여러분은 가만히 있겠습니까?

2022.12.12./서경례/책과 교육의 기회라는 것

# Looking at the Daejang-dong Criminal Case(9/62)

The political aristocracy sits high on the pyramid.
Members of the National Assembly occupy a key position among high positions.
Workers are putting everything they need from the lower body to the top of the head for them to sit.
Someone has to carry cement, drive, work with metal, and pick up a shovel, right?
If you told lawmakers to pick up a shovel and work with cement or drive a lorry, would they do it?

Shall we take a look at what the Democratic Party of Korea has in such an aristocratic position?

① **They had power.**

No matter what the ruling party does, the Democrats have the power in huge numbers to keep the Democrats from passing legislation for the people of Bertini.

② **They have knowledge.**

Members of the National Assembly are better educated than workers.
I told you that the old slaves were given food, a bed, and even a mate to have sexual intercourse with, but they did not give them a book or give them an education.
This is a very important part.
Would you be patient if your children were not getting an education?

2022.12.12./Seo Gyeong-rye
/It is an opportunity for books and education.

# 대장동 사건을 바라보며(10/62)

민주당 국회의원들이 지식인들인데요!
잘 보니 참으로 좋은 외관을 지닌 사람들이
많습니다. 잘생겼어요.
생김이 또한 멋지게 생겼습니다.
빨간 띠를 두르고는 파업을 강행하는
노동자들하고 얼굴을 비교해 보십시오.

### ③ 그들은 인맥이 또한 화려합니다.

어디서든 필요해서 연락하려고 하면
서로 좋은 인연들이 줄줄이 사탕처럼
열려 있습니다.

### ④ 그들은 특권이 또한 많습니다.

필자는 특권이 없습니다. 이렇게 미래 대안을
올려 주려 해도 쉽지 않고 공짜로 열차를
탈 수 없지만 그들은 매일 싸우면서도
공짜로 탈 수도 있고 불체포 특권도 있고
아무튼 연구하려고 작정한다면 너무나
좋은 특권을 가지고 있습니다.

이번에 보니 노동자들 파업 손실에 대해
손해배상 청구를 받는다면 거친 얼굴이
더욱더 험악해지겠습니다. 그렇지 않아도
쭈글쭈글 그늘진 얼굴이라 국회의원들의
멋진 얼굴하고 비교가 되는데 얼굴에서도
더욱 비교가 되겠습니다 그려.

국회의원들이 가진 것들이 참으로 많지요.
그것만 가진 것이 아닙니다.
참으로 부러운 것이 또 있습니다. 엄청난
지지자들이 있습니다. 이렇게 변함없는
지지자들이 있으니 도대체 민주당이
없는 것이 무엇이란 말인지요?

국회의원들이 발표한다고 하면 기자들이
대기하고 서 있습니다. 이것은

### ⑤ 방송국도 가지고 있다는 의미가 됩니다.

민주당 소속의 국회의원들이 여당보다 많고
이렇게 잘 생기고 국회의원 숫자도 많고
학벌이 좋은 지식인인데 여기에서
아래를 위해서 사는 귀족이 없는 이유는
무엇이란 말입니까?

아래의 하체가 몸통을 받쳐주지 못하면
몸통은 살아갈 수 없으니 국민인 아래를
위해서 살아야 하는 원리를 알고 아래를
위해서 모든 것을 사용한다면 불편한 것이
없을 것이고 인류는 비로소 평화가 시작되고
노벨평화상이 기다리고 있습니다.

이토록 많은 민주당의 국회의원 중에서
자신이 가진 모든 권력을 국민을 위해서
그리고 인류를 위해서
사용할 때 노벨평화상을 받지 못한다는
법조문이 어디에 씌여져 있습니까?

2022.12.12./서경례/민주당이 가진 것들

| | |
|---|---|
| 장○○ | 유럽 쪽 노동자들은 내용은 강하게, 형식은 아주 부드럽게 하여 실리를 찾고 소소하지만 이것저것을 챙기더군요. 빨간 머리띠, 거친 복장, 험악한 표정으론 이미 여론전에 필패입니다. |
| 홍○○ 장○○ | 격하게 공감합니다~ |
| 서○○ | ㅎ 정치인 누구나 똑같다고 느낍니다. 좌든 우든, 현세에 나라 구할 인재는 없고 자기 밥그릇 챙기려 싸움만 하는 느낌~ |
| 춘○ | 민주당이 변절 돼서 죄명당이 되었으니 노벨평화상이 더는 안 나옵니다~ 저는 민주당이라 부르지 않습니다! |
| 춘○ | 노벨상을 아무나 주면 노벨상이 아니지요~ |
| 장○○ | 국민 세금으로 개인을 살찌우는 정치인들 사라져야죠. 어리석은 국민만 노예가 되는 세상 아닌가요. 세금 걷을 법만 만들고 자기들은 온갖 특혜와 권리 누리고 외국 연수니 개지랄 떨면서 관광이나 하고 국민을 위한 정치인이 있나요. 서로 더 높은 곳을 향해 미친개처럼 물고 뜯다가 걱정 없이 연봉이나 챙기고 정치인들 하는 짓거리를 보면 결국 국민만 더 힘들 것 같네요. 변화는 싸그리 물갈이해야 한다는 생각 |
| 장○○ | 義理 (의리)란 사람이 살아가면서 계층별 직종별 사회구성원 간 서로 지키며 신뢰하는 의리가 있습니다. 주먹 세계의 의리, 도박꾼들의 의리, 각 이해 집단들의 상호 의리, 수없이 많은 의리 중 아마 깡패 친구 간, 동료 간, 선후배 간, 이성 간 그래도 이런 관계는 그런대로 의리가 조금 있지요. 그러나 의리 중 제일 오래가지도 지켜지지도 않는 의리 집단은 바로 정치판 의리입니다. 오늘의 적이 내일은 우군이 되고 우군이었던 자가 내일이면 적이 되는 오합지졸의 의리 집단 정치판 누가 이렇게 만드나요. 한 번쯤 생각해 볼 일입니다. |

# Looking at the Daejang-dong Criminal Case(10/62)

Democratic lawmakers are intellectuals!
If you look closely, there are many people who have a really good appearance.
They also look great.
Compare their faces with those of workers wearing red belts and going on strike.

③ **Their connections are also brilliant.**
If they want to contact each other wherever they need it, they have good connections with each other.

④ **They also have many privileges. I have no privileges.**
In this way, I can't ride the train for free even if I try to raise the future policy, but they can ride the train for free even though they fight every day.
They have non-arrest privileges as well as a variety of useful privileges to use if you decide to study anyway.

Looking at this time, if the workers are claimed for damages due to the workers' strike, the rough face will be even more fierce.
Even if it's not, it's a wrinkly and shady face, so it's comparable to the wonderful faces of the members of the National Assembly.
There are so many things that members of parliament have.It doesn't just have that.

Among the things they have, there is another thing I envy.
They have huge supporters.
Anyway, with such unchanging supporters, what the hell does it mean that there is no Democratic Party?

When members of the National Assembly announce an announcement, reporters are also standing by.
⑤ **It means that they also have a broadcasting station.**

There are more members of the National Assembly from the Democratic Party than the ruling party, but why are there no aristocrats living here like heroes who live for the people below?

The torso cannot survive if the lower body cannot support it.

Therefore, if you know the principle of living for the people below and use everything for the people below, there will be no problem.

Even if there are some shortcomings in the procedural part, the people understand and do not argue.

When our Democratic Party lawmakers do not seek votes and live for the sake of the given opportunity, peace begins for mankind and the Nobel Peace Prize awaits.

Among so many members of the Democratic Party, where is the law written that you cannot win the Nobel Peace Prize when you use all the power you have for the people and for humanity?

2022.12.12./Seo Gyeong-rye/Things the Democratic Party has.

# 대장동 사건을 바라보며 (11/62)

지금도 유럽의 우크라이나에서는 피비린내
나는 전쟁을 계속하고 있습니다.
전쟁터 한쪽에선 러시아의 멀쩡한 남자들을
끌어다가 우라돌격의 총알받이로 쓰고

우크라이나 사람들은 학살당하고 전쟁터라는
죽음의 땅에서 러시아 군인들이
삼성 냉장고와 LG 세탁기만 약탈하는 것이
아니고 어린아이들까지도 데려다가
러시아 가정으로 강제 입양을 시키는 일이
2022년 첨단 시대에 벌어지고 있습니다.

러시아 전쟁 병사들이 살아있으나 전장에서
의료시설이 없으니 아직은 살아있는
환자들을 시커먼 비닐봉지에 넣어
방치하는 어처구니없는 상황이 벌어지는데
사람이 죽어간다면 우선은 죽어가는 사람을
살리고 보아야만 하는 것이 순서가 됩니다.
그런데 이 어려운 시기에 민주당 국회의원들
입에서 나오는 말이 무엇이란 말입니까?

잘생기고 똑똑하고 방송도 가지고 있고
국민은 빚내서 살망정 급여도 시간만 가면
딱딱 받아 챙기고 제네시스 차량도 주고
기사도 주고 직원도 국민이 다 마련해 주는데
우리가 무엇부터 해야만 하는 것일까요?

2022.12.14./서경례/현실문제를 아는지 모르는지

**임○○**    와 😀😀😀😀 리얼합니다.
            심각한 현실이 저에게 오는 것 같습니다.

**서경례 임○○**    지금 진짜로 심각합니다.
                  다들 남의 일로 여기는데 그렇지가 않습니다.

# Looking at the Daejang-dong Criminal Case (11/62)

Even now,
the bloody war continues in Ukraine in Europe.
On one side of the battlefield,
Russia is dragging healthy men and using them as bullet fodder for the Ura assault.
Ukrainians are being slaughtered and tortured.
In a situation called war, it is to be expected that cruel things are committed.

In the land of death called the battlefield, Russian soldiers not only plundered Samsung refrigerators and LG washing machines, but also stole children and returned them to Russian families.
Forced adoptions are happening in the high-tech era of 2022.

According to what we have learned as intellectuals, in the face of a dying person, first of all, we have to save and see the dying person.
What do the Democratic Party members say?
Members of the National Assembly of the Democratic Party are handsome, smart, and have broadcasting, and the people live in debt, but they get their wages as time passes, give them
Genesis vehicles, give them drivers, and provide employees. What should they do first?

2022.12.14./Seo Gyeong-rye
/Do you know the real problem or not?

# 대장동 사건을 바라보며(12/62)

심각한 현실이 저벅저벅 다가오고 있는 소리가 여기저기 들리는데 민주당은 무엇이 부족해서 우크라이나 사태의 중재안을 내지 못합니까? 지금 가장 시급한 것은 안전운임제 통과가 아니고 노동문제도 해결이 가능한 중재안입니다. 더군다나 필자가 지난 7월부터 중재안을 게시판에 올려 드렸습니다. 국민을 살리고 인류를 살리고자 한다면 모든 자존심은 잠시 접어두고 어떠한 희생이라도 감당해야 하는 것이 본래 귀족의 본분이 됩니다.

그런데 우리 대한민국 귀족의 입에서 나온다는 소리가 "술집에서 바에서 누구누구가 술을 먹더라" 라고 하면서 첼리스트한테 휘둘리고 놀림당합니다. 상대가 그런 일이 있었던 없었던 그것을 입법기관이 이 비싼 시간에 따질 것이 아닌데 상대를 희롱하려다가 민주당이 희롱당하는 이 사태를 민주당은 어떻게 설명할 수 있습니까?

화물 노동자 파업으로 지난 5년 동안 노동자 문제도 해결하지 못했음이 증명되었고 피가 끓는 청년들의 놀이문화와 교육문화 하나도 만들지 못했습니다. 대신 주야장천 여당과 야당은 싸우기만 합니다. 앵무새인지 국회의원인지 모를 정도로 똑같은 소리를 반복합니다.

이태원 사고가 있었고 월북 사건도 있었는데 이 모든 사고를 5년 동안 소리 없이 키운 국회의원들 입에서 나오는 소리는 도대체 무엇이란 말입니까?

필자가 인류의 누구든 볼 수 있는 이 메시지에 밝히거늘 사고는 한순간에 나는 것이 아니고, 우리 모두의 잘못된 사회생활이 반복되고 한참 동안 우리의 사적인 욕망이 서서히 자라서 곪아 터져야만 어느 날 뻥하고 누런 고름 덩어리가 나오는 것입니다. 우리 국민 모두의 책임이라는 얘기가 됩니다.

2022.12.14./서경례/누가 사고의 책임자인가?

전○○    차분함과 진중함에 찬사를 보냅니다. 좋은 글 많이 올려주세요.
김○○    정권이 바뀌면서 무슨 일만 터지면 꼭 나오는 소리 남 탓을 하는 것이 일상화되는 것 같아서 안타깝기만

# Looking at the Daejang-dong Criminal Case(12/62)

I can hear the sound of a serious reality approaching here and there, but what is the Democratic Party lacking in to mediate the Ukraine crisis? The most urgent thing right now is not the passage of the safe fare system, but an arbitration plan that can solve the labor problem.

Furthermore, I have posted the arbitration proposal on the bulletin board since last July. If, because of your pride, I am shabby and ridiculous compared to their high position of power, and the aristocratic members of the National Assembly cannot ask questions, the people should discern what to think of this.

If you want to save the people and save mankind, it is the nobleman's duty to put aside all pride for a while and endure any sacrifice. To be more precise, since August of last year, various policies have been continuously stocked in bookstores, and recently I brought them directly to the National Assembly Speaker's Office.

If you want to save the people and save mankind, it is originally the duty of a nobleman to put aside all pride and endure any sacrifice. Since August of last year, I have continued to stock various policy proposals in bookstores, and recently brought them directly to the National Assembly Speaker's Office.

However, the voice that comes out of the mouth of our Korean aristocracy "Someone had a drink at the bar," a word swayed by the cellist comes out. How can Democratic supporters explain this situation where the Democratic Party is being harassed while trying to harass the other party?

The cargo workers' strike proves that they have not been able to solve the workers' problem for the past five years, and they have not been able to create a culture of play and education for young people.

Instead, the ruling and opposition parties are fighting day and night. The two factions repeat the same sound to the point where you don't know if it's a parrot or a member of parliament.

There was an Itaewon accident and a North Korean incident, but what do you mean by the words that come out of the mouths of politicians who have raised all these accidents silently for 5 years?

As I state in this message that anyone in humanity can see, accidents do not happen in an instant.

Do you know that a big accident occurs only when the wrong thoughts lead to a wrong life and our private desires slowly grow and fester for a long time?

All accidents are the responsibility of all of us, and if you are a member of the social aristocratic class, the weight of the responsibility is as great as your rank.

2022.12.14./Seo Gyeong-rye/Who is responsible for the accident?

# 대장동 사건을 바라보며(13/62)

민주당이 갖지 못한 것이 하나 있습니다.
인프라는 다들 준비되었는데 지혜는 없습니다.
돈이 많은 부자들이 모든 것을 다 가졌어도
마지막 하나를 갖지 못해서 전진하지 못하고
있는 것과 같습니다.
반면 국민의 한 사람인 필자는 민주당이 가진
권력 특혜 인맥 학벌 자산 방송국 등은 하나도
없지만 그들이 없는 것이 있으니 퍼즐을 맞추듯
이 부족한 하나를 채워 넣으면 작품이 됩니다.

작품은 누구 하나가 만들 수 있는 것이 아니고
국민과 야당과 여당이 함께 만들어 가야만
이 총체적인 난국을 벗어날 수가 있습니다.
과연 어떤 작품일까?
대장동의 아파트 건설일까?
아니면 청계천 복원사업일까?
어머나
아파트 멋지게 만들어 놓았는데도
청계천을 근사하게 명물로 만들어 놓았는데도
감방을 가네요!
왜 그럴까!
도대체 왜 나를 못살게 괴롭힐까!

그것은 대기업한테 맡겨도 아주 잘하는
일들입니다. 이젠 수준높은 가치를 추구해야

할 정치 지도자들이 그 정도를 가지고는
할일을 다한 것이 아니기 때문에 누구라도
이름을 남기지 못합니다.
미래의 지도자는 토목공사가 아니고 건물짓는
것과는 별개로 국민을 바르게 이끌어가야
하는데 그들의 말과 행동으로 연구물로
직접 모델이 되어야만 비로소 존경을 받는
원리가 있습니다.

카타르 월드컵에서 극적인 황희찬의 골로 16강
진출이라는 좋은 소식을 안겨준 것은 손흥민의
그림 같은 어시스트가 있었기에 가능한 일이
었습니다. 굳이 비유를 한다면 손흥민이
민주당이고 황희찬이 국민의힘이 됩니다.
지금은 민주당이 손흥민처럼 멋진 어시스트를
하고 국민의힘은 그걸 받아서 골을 넣어야만
러시아를 바르게 다시 돌릴 수도 있고 세계가
다시 돌아갑니다.

멈추어진 세계를 돌리는 역할을 민주당이
한다면 다음에는 대통령도 민주당에서 나오고
장관도 나오고 UN의 의장도 나오고 노벨상도
받을 수가 있습니다.
불가능하다고 누가 말할 수 있습니까?

2022.12.14./서경례/민주당은 지혜를 모아야

# Looking at the Daejang-dong Criminal Case (13/62)

There's one thing the Democrats don't have.
The Democratic Party's infrastructure is all ready, but there is no wisdom.
It is the same situation as when the presidents of large corporations have everything but worry about only one child.

On the other hand,
I have nothing that the Democratic Party has, but there are things they lack, so if you fill in the missing one like putting a puzzle together, it becomes a work of art.
Humanity planning cannot be created by one person, and many people must join forces, so the people, the opposition party, and the ruling party must come together to overcome this total impasse.

Hee-chan Hwang's dramatic goal at the Qatar World Cup brought good news of advancing to the round of 16, which was only possible thanks to Son Heung-min's excellent assist.

If you have to make an analogy,
Son Heung-min's assist is the Democratic Party, and Hwang Hee-chan, who scored the goal, becomes the ruling party.
Now, the Democratic Party makes a wonderful assist like Son Heung-min, and the opponent party receives it and scores a goal to properly turn the United States and Russia back, and the world goes back.

If the Democratic Party plays a role in turning the stopped world, then the president will come out of the Democratic Party, ministers will come out, the chairman of the United Nations will come out, and the Nobel Prize can be won.
Who can say it's impossible?

2022.12.14./Seo Gyeong-rye
/Democratic Party must gather wisdom

# 대장동 사건을 바라보며(14/62)

**3. 사법체계의 미래 방향**

중등학교 시절에 보니 법학과를 지원하는 친구들이 공부를 아주 잘했습니다.
같은 시간 같은 교과서 같은 선생님 등등 똑같은 조건인데도 이상하게 어떤 아이는 공부를 잘했었던 아이들이 있었습니다.
그것을 바라보는 공부 천재 아닌 이들은 조금 섭섭했던 기억들이 있을 것입니다.
물리학과나 의예과도 같은 형국이라 공부를 잘하는 놈들은 죄다 판사로 검사로 의사로 과학자로 빠졌습니다.
그런 그들이 지금 정치무대에서 주역입니다.
다들 숫자를 보세요. 하나하나 찬찬히

대장동 사건과 여당 야당의 사람들을 보시면 다들 공부 잘해서 사법고시 패스한 이들이 오늘도 어제도 계속 싸우고 있습니다.

대장동 사건에서 보이고 정치인 명단에서도 아주 많이 보이네요. 현재 변호사인 사람이 똑똑해서 한마디 합니다.
**"내가 남의 징역 부분까지 살 이유는 없다는 말"** 의미심장한 말입니다.
과거 변호사였다가 지금은 야당의 대표인 사람. 여당의 쟁쟁한 대표들, 현재의 대통령과 전직 문 대통령도 전부 법조인 출신이네요.
와우!!! 이거이 무엇인가?
우리나라 법조인 출신이나 법조인들이 죄다 권력을 손안에 틀어쥐고 살았네!!!
그런데 지금 대한민국을 망쳐 놓았나 아님 살리고 있는가!!

필자의 글을 많은 법조인들께서 보고 계시는데 이제는 생각을 할 때가 돌아왔습니다.
내가 아는 것이 무엇이었을까요?
왜 우리는 싸우는 것일까?

2022.12.15./서경례/대한민국을 망치는 주범은 누구일까?

**박○○**   수학 잘하면 공부 잘하더라고요.
　　　　　난 계산하는 게 정말 싫었지요.
**심○○**   전적으로 동감합니다.

# Looking at the Daejang-dong Criminal Case(14/62)

### 3. Future direction of the judicial system

In your secondary school days, you see that your friends who applied for the law department did very well in their studies. Same time, same textbook, same teacher, etc. Strangely, there were children who studied better than other students. Other children looking at it will have memories of being a little disappointed. Physics and Pre-medicine are also in the same situation, so all those who are good at studying have fallen into judges, prosecutors, doctors, and scientists. They are now the main players in the political arena. Folks, look at the numbers. carefully one by one

If you look at the people of the ruling party and the opposition party, everyone who studied well and passed the bar exam continues to fight today and yesterday. Students who did well in their studies are seen in the Daejang-dong incident and are also seen a lot in the list of politicians.

+

The person who is currently a lawyer is smart and says something.

**"Saying that there is no reason for me to live up to the prison sentence of others"**

is a meaningful word.
He was a lawyer in the past, but now he is the representative of the opposition party. The prominent representatives of the ruling party, the current president and the former president, are all from the legal profession.
wow!!! What is this?
Our country's lawyers all lived with power in their hands!!!
But now, are they ruining Korea or are they saving it!!

A lot of lawyers are watching my writing, but now it's time to think. What did I know? why do we fight?

2022.12.15./Seo Gyeong-rye
/Ruining Korea Who is the main culprit?

# 옷의 지혜

여러분들도 그런 경향들이 있지요.
좋은 옷들은 나중에 입으려고 모셔두고
평소 입던 옷들만 계속 입고 있는 것을~~

그러지 마시고 이쁜 옷이랑 좋은 것들은
부지런히 사용하시고 입으시고,
공부하는 돈은 아끼지 마십시오.

술 먹고, 강아지 사료 사고,
골프는 열심히 치면서도 정작
자신을 발전시키는 일엔 소홀하고,

좋은 옷은 모셔두는 경우가 허다하나
시간 지나면 모두 구식이 되니
입는 옷들도 산뜻한 디자인과 색감의
것들을 먼저 찾아서 입으십시오.

지금은 소비가 미덕인 시대.
좋은 옷 입고 훌륭한 집에서
좋은 사람들과 훌륭한 일을 한다면
더없이 발전합니다.

2021.08.04./서경례/좋은 옷은 입어야 빛납니다.

| | |
|---|---|
| ○○Seo | 100% 공감합니다~♡ 뭐든지 아끼면 똥 된다~!!! |
| 청하 | 맞는 말씀입니다.<br>열심히 입고 버리고 사고해야 하는데 버리려면 언젠가는 적재적소에<br>쓸 때가 있겠지라는 마음이 집안에 쓰레기만 잔뜩 쌓아 놓는 결과만 가져오지요. |
| 임길명 | 제가 좋아하며 몇 년째 배우고 있는 기타<br>언제쯤 충분한 분량이 되어 눈 감고도 멋진 곡을 연주할 수 있을지..... 아끼면 똥 됩니다. ㅋㅋㅋㅋ |
| 홍○○ | 정답입니다. |
| 김○○ | 맛있는 음식을 먼저 먹고 좋은 옷을 먼저 입어라! 하시지만 그게 그리 쉬운 일이 아니네요.<br>몇십 년 생활습관이 하루아침에 변화된다는 것이 너무 어려운 문제점입니다. |

# Wisdom of clothes

Our Facebookers also have the following trends. Among our habits, we keep wearing good clothes to wear later and only wear the clothes we normally wear.

Don't do that, diligently use and wear pretty clothes and good things Spare no money to study and spend it willingly.

He drinks, buys dog food, plays golf, but neglects to develop himself.

Also, there are many cases in which we store good clothes, but they all become outdated over time, so find and wear nice clothes with neat designs first.

Now is the era where right consumption is a virtue. If we wear nice clothes and do great things with nice people in nice homes Humanity develops further.

2021.08.04./Seo Gyeong-rye
/Good clothes shine only when worn.

| | |
|---|---|
| ○○Seo | I agree 100%~♡ If you save anything, it becomes garbage! |
| Chungha | That's right. We have to wear and throw away what we have and buy it. Even though I'm trying to throw it away, I feel that someday there will be a time to use it in the right place. So I only end up piling up trash in the house. |
| Lim Gil-myung | I like the guitar and have been learning it for several years. When will I be able to play a great song with my eyes closed... If you save the guitar, you'll be shit. |
| Hong○○ | That's correct. |
| Dalsu Kim | You should eat delicious food first and wear good clothes first! You do, but it's not that easy. Decades of lifestyle changes overnight Too hard is my problem. |

# 대장동 사건을 바라보며(15/62)

자세히 보니 국민이 의지할 수 있는 최후의 보루인 법조인들이 사법부만 장악한 것이 아니고 입법부 그리고 행정부의 수반인 대통령 자리까지 전부 장악하고 있었다는 것은 지금의 혼란과 갈등의 책임이 법조인들한테 있었음을 부인할 수 없는 근거가 됩니다.

일반의 서민들이 아닌 생각을 깊이 할 수 있는 지식인의 최고봉에 있는 법조인들께 질문 하나 드립니다.

노동자들이 시간 외 더 근무를 하고 싶어도 누구는 초과 근무를 하지 못해서 자동차 정비소 문을 닫을 판이고, 젊은이들은 젊은이대로 지금의 강제노동 같은 근무 시간도 너무나 길게 느껴집니다. 그런데 귀족 집단인 국회의원들이 서로 국민을 볼모로 계산만 하다 보니 자유롭게 근무할 수 있는 법안 연구를 하지 않습니다.

우리나라가 자유롭게 급여를 계약하고 근무 시간을 조정할 수 있는 시장경제의 나라가 맞습니까?
대한민국이 자유시장경제 국가라고 배웠잖아요.

2022.12.16./서경례/우리가 자유 시장경제 국가일까!.

**임〇〇**     탄식과 한숨에 가슴이 아픕니다.
            겉으로는 오직 국민 속으로는 오직 나, 우리 무리

**현〇〇〇**    한 오 년을 보고 살려니 눈을 감고 살아가는 것이

**오〇〇**     공감합니다.
            노동의 유연성을 고려해야만 할 시기인데요.

# Looking at the Daejang-dong Criminal Case(15/62)

Looking closely, the legal profession, the last bastion that the people can rely on, did not only take control of the judiciary, but also the legislative branch and the president's seat, which is the head of the executive branch.
If so, it is an undeniable basis that the legal profession was responsible for the current confusion and conflict.
I would like to ask you a question to the lawyers who are at the peak of intellectuals who can think deeply, not low-quality shamans or laborers.

Even if workers want to work more than hours, they are bound by the law and cannot work overtime.
Therefore, it is the reality of the common people that the car repair shop is about to close and jobs are gradually disappearing. Even so, as the members of the National Assembly, an aristocratic group, calculate each other, they do not pass a bill that allows them to work more.

Is Korea a country of free market economy where you can freely contract wages and adjust working hours?
We have all been taught that Korea is a country with a free market economy.

2022.12.16./Seo Gyeong-rye
/Are we a country with a free market economy?

# 대장동 사건을 바라보며(16/62)

요즘은 스마트폰이 발달해서 국민 누구나 스마트폰으로 의사 표현이 가능하고 투표도 가능한데 국민의힘에서는 대표자 선출에 지금은 당심과 여론의 반영 비율이 7:3 인데 그것도 불만이라서 그들만의 리그를 치르겠다고 여론 반영 비율을 아예 없애려고 합니다.
민주당은 민주당 대로 으르렁 으르렁합니다. 서로 내 편을 공천 주려하기 때문입니다. 스마트폰으로 국민이 또는 여론을 많이 반영해서 공천에 충분히 반영할 수 있는데도 말입니다.

우리나라가 민주주의 나라입니까?
국민이 주인이 맞습니까?
국민이 노예 상태 아닙니까?
국회의원들이 법안을 통과시키지 않고 버티고 있으면 국민은 힘들어도 기업은 적자가 시작되어도 그들은 시간만 가면 급여가 딱딱 나오니 좀 이상하지요? 일도 하지 않고 싸우는데 누구는 돈을 받고 국민은 작업복 바지 입고 노동 하면서 물자며 급여를 대주고 있습니다. 대한민국이 민주주의 국가라고 지금까지 교과서로 열심히 배웠는데 현실적으로 민주주의 인지를 묻고자 합니다.

국민이 주인인지 형식적으로 선택을 강요 받는 노예인지 생각을 해보면 2022년 우주에도 나간 지 아주 오랜 시간이 지난 발전된 시점인 지금 투표용지에 "선택할 사람이 없음" 도 충분히 표시할 수 있건만 지금까지 투표장에 가면 누군가는 어차피 찍어야만 하도록 만들어 놓아서 찜찜한 기분으로 어쩔 수 없이 번호를 고르고 비싼 국민 세금으로 또 광고를 해대니 국민은 노예처럼 찍기는 찍습니다.
그러고는 강요가 아닌 자유 투표 국가라고 교과서에서 가르칩니다. 국민은 잘 모르고 투표하고 나서 후회를 합니다.

국민의 세금으로 서로를 공격하고 탓을 하는 현수막을 마구잡이로 걸고 또 걸고 있습니다. 그들에게 국민의 돈은 그냥 마구 써도 된다는 생각을 하고 있는지 가치 없는 내용으로 현수막을 만드는데 돈을 물 쓰듯 하고 있어요. 지금 2022년 대한민국 국민이 진정 주인인 상태가 맞는지를 묻고자 합니다.
교과서로 너무 많이 듣다 보니 착각을 했어요. 그런 것을 상식이라고 합니다.

2022.12.16./서경례/민주주의는 미래에

# Looking at the Daejang-dong Criminal Case(16/62)

These days, with the development of smartphones, anyone can express their opinions and vote with smartphones, but in the ruling party, the ratio of reflection of party sentiment and public opinion is now 7:3, but they are trying to eliminate the ratio of public opinion reflection at all. The opposition parties fight each other even within them because the party leader holds the nomination right. It's because each other is trying to nominate my side. Even though it is possible to sufficiently reflect the people or public opinion in the nomination with a smartphone.

Is your country a democracy?
Are the current people the owners?
Aren't the people enslaved now?

If the members of the National Assembly do not pass the bill and hold on, the people will suffer, but even if the company starts to lose money, it is a little strange that their salary will come out as soon as time passes, right?

Once elected, even if you do not work, fight, or go to prison, someone gets paid, and the people work in overalls and pants and pay for goods and salaries. Until now, we have learned hard in textbooks that Korea is a democracy, but we want to ask whether it is a democracy in reality. If you think about whether the people are masters or slaves who are formally forced to make choices, Now it is a developed society that has been a long time since the human society went out to space in 2022. So, while a "no one to choose" could have been marked on the ballot, it was not deliberately marked.

So far, when you go to a polling place, someone has made it so that you have to choose anyway, so even if you don't know it, you encourage you to vote and advertise, so the people mark the ballot paper like slaves. Then textbooks teach that it is a free voting country, not coercion. The people don't know well, and after voting, they regret it. Banners that attack each other with the people's taxes and blame the other are being hung again and again.

For them, they think that the people's money can be spent recklessly, but they are spending money to make banners with worthless content. Under the above circumstances, I would like to ask whether it is true that the people of the Republic of Korea in 2022 are truly the owners. To tell you the truth South Korea is not yet a democratic country. We were mistaken because we read too much in textbooks.

That's called common sense.

2022.12.16./Seo Gyeong-rye/Democracy is in the future

# 대장동 사건을 바라보며(17/62)

정치 귀족들이 입법부를 담당했으나 그 출신을 살펴보니 법조인 출신이었고, 행정부 수반인 대통령도 지난번도 이번에도 법조인 출신이니 입법 행정 사법을 모두 법조인들이 장악하고는 서로 샅바 싸움을 합니다. 입으로는 국민과 더불어서라고 하지만 현실에서는 그들끼리 그들을 위해서 그들만의 계산으로 싸움을 합니다. 미래로 가기 위해서는 법조인들부터 그리고 우리 국민부터 생각의 질을 한 단계 올려서 이런 정치와 경제적 현상을 밀도 있게 살펴봅시다.

우리가 지금까지 사건을 계속해서 다루어 왔습니다. 검사가 사건을 기소하고 조정위원들이 조정하고 변호인들이 변론하고 판사가 재판을 해서 국민의 문제를 해결해 주고 있었는지 냉철하게 질문을 해 봅시다. 지금의 사회현상은 과거의 결과물이기 때문에 과거의 활동들이 문제를 해결한 것이 아니라는 반증이 됩니다. 문제를 해결한 것이 아니라면 사건을 조사하고 조정하고 변론 때문에 사건을 검토하고 재판을 담당하면서 여러 가지 사회적 현상을 습득하고 있었던 것이지요. 조정위원들이 그들이 조정을 해주고 봉사하는 줄로 착각하고 뿌듯하게 생각하지만 그럴까요? 사회봉사 명령제도가 형벌이듯이 봉사가 바로 스스로 받는 형벌입니다.

변호사이든 대통령이든 조정위원이든 재판관이든 국민을 바르게 이끌었더라면 범죄자도 줄고 마약범도 줄고 법조인 출신인 대통령도 존경을 받고 감방도 줄었을 테고 문제를 해결하니 사건들이 줄어서 법원이 한가해졌어야 하건만 거꾸로 방만해져 가는 현상은 무엇을 반증합니까?

요즘은 이런 소리가 나옵니다.
이젠 우리나라도 마약 청정지역이 아니야!!
유명 연예인들이 마약으로 병들어가고 있습니다. 왜냐하면 삶의 가치와 재미를 바르게 교육받은 적이 없어서 모르기 때문입니다. 이들을 누가 지도하고 이끌어야 할까요? 누가 사회를 병들게 방치했는가? 법조인들이 유능한 법조인으로 성장하기 위해서는 누구는 죽어줘야 하고 누구는 살인자가 되어야만 했고, 범죄자들과 원고 피고가 피 터지게 서로 울고불고 싸워야만 한다는 필연적인 고리 관계를 아시는지요?

2022.12.20./서경례/법조인 한 명이 성장하려면

# Looking at the Daejang-dong Criminal Case(17/62)

Political aristocrats were in charge of the legislature, but when I looked at their origins, they were from the legal profession, and the president, the head of the executive branch, was also from the legal profession this time and last time.
As a result, the legal profession dominates all legislative, administrative and judicial powers and fights with each other. When campaigning, they say with their mouths, "With the people," but in reality, they fight for themselves and with their own calculations. In order to move into the future, let's take a closer look at these political and economic phenomena by raising the quality of our thoughts by the legal profession and our people. Lawyers have been dealing with cases over and over again.
Let's ask a cool question whether the prosecutor prosecuted the case, the conciliators mediated, the lawyers argued, and the judge held a trial to solve the people's problems. Since the current social phenomenon with deep conflicts is the result of the past, it proves that past activities did not solve the problem. In truth, prosecutors and judges did not solve the problem, but were learning various social phenomena while investigating cases and taking charge of trials.
The mediation committee members mistakenly think that they are serving and mediating, and they are proud of it, but is that so?
Just as the social service order system is a punishment, free volunteer work by organizations in society is a punishment that you receive yourself. If lawyers, presidents, conciliators, or judges led the people correctly, the number of criminals and drug offenders would have decreased.
If our actions were normal, even the president, who was a lawyer, would be praised There would have been fewer cells, and the courts would have been idle because there were fewer cases when the problem was solved. But what does the backward laxity of the courts disprove? It sounds like this these days. Our country is no longer a drug-free zone!! Celebrities are getting sick with drugs.
This is because they do not know the value of life because they have never been properly educated. Who should guide and lead them? Who left society sick?
Do you know the inevitable link between criminals and plaintiffs and defendants, who had to die and who had to become a murderer in order for lawyers to grow into competent lawyers?

2022.12.20./Seo Kyung-rye/For one lawyer to grow

# 대장동 사건을 바라보며(18/62)

사법체계의 미래 방향을 얘기하다 보니 너무 법조인들 얘기만 하나요?
그럼 다른 사례를 들어봅시다. 요즘은 의료보조 기구를 파는 이들이 많습니다. 이들 업체는 승승장구 하기를 바랍니다. 돈을 벌어야 하잖아요. 그들은 돈을 버는 것이 목적입니다.
집에 가면 부인도 기도하기를
"하나님 우리 남편 하는 일이 잘 되도록 그리고 건강하고 무탈하기를 기도합니다." 라고, 그런데 남편이든 의료 보조기구 업체 대표이든지 그들이 돈을 왕창 잘 벌어서 배가 두둑해지려면 무슨 현상이 벌어져야 하는지 생각 좀 해보자고요.

대한민국에 이런저런 사건 사고들이 많이 터져서 사람들이 다들 몸이 불편한 불구자가 되어줘야만 의료 보조기기가 잘 팔리게 됩니다. 이유 불문하고 나이가 들었든 젊었든 무조건 신체적으로 하자가 많이 생겨줘야만 하는 것이니 기도를 한 단계 깊이 분석하게 되면 사건이야!! 많이 생겨라!!

그리고 온 국민이 의료 보조기구 없이는 제대로 걷지도 잡지도 못하게 하옵소서~

다른 사례를 들어볼까요?
암 환자들을 상대로 돈을 잘 버는 요양원들이 요즘 성황 중입니다.
돈을 잘 버니 연간 매출액이 급성장을 하고 땅 사고 이것저것 사고팔아서 돈을 챙기고 좋아합니다만
암 환자들 상대로 하는 업체들이 크려면 대한민국 국민이 전부 암에 걸려야만 되겠어요. 암 환자가 없어지면 돈을 못 벌잖아요.

드리고자 하는 메시지는 다른 이들의 희생이 결국은 내 호주머니의 돈이 되었고 다른 범죄자들의 희생으로 나의 경험지식이 축적되었다는 이 움직일 수 없는 연결된 고리 관계를 지식인들은 알아야 합니다. 우리가 단순하고 무식한 자들이 아니라면 말입니다.

2022.12.20./서경례/생각을 한 단계 깊이 한다면

# Looking at the Daejang-dong Criminal Case(18/62)

When we talk about the future direction of the judicial system, do we talk too much about the legal profession?
So let's take another example.
There are many people selling medical aids these days. These companies want their products to sell well and thrive. Most of all, we all think we need to make money.
Their purpose is to make money.
When the salesman goes home, his wife prays. "God, I pray that my husband's work goes well and that he is healthy and well." Called, But let's think about what must happen to make money and become rich, whether it's the husband or the head of a medical aid company. Medical aids sell well only when a lot of accidents happen and people become crippled. Regardless of the reason, we need to know the dynamics that people must have a lot of physical flaws unconditionally. If we analyze prayer one step deeper, Oh God let it happen a lot. And let all the people have physical defects so that they cannot walk or hold properly without assistive devices.
Shall we take another example?
Nursing homes that make good money for cancer patients are booming these days. They make good money, so their annual sales grow rapidly, and they like to buy land and take money. However, in order for cancer specialists and companies that deal with cancer patients to grow, all the people have to suffer from cancer. When cancer patients are gone, they can't make money.
The message I want to give you is that the sacrifices of others eventually became money in my pocket, and I must now know this immovable truth that my experience and knowledge have been accumulated through the sacrifices of other criminals. Let's think carefully about why I am adamantly stating here that the era of making money by selling things is over.
If you are not an ignorant person, you may know the deeper meaning of the message.

2022.12.20./Seo Gyeong-rye/If you think one step deeper

# 대장동 사건을 바라보며(19/62)

다시 한 가지 사례만 더 말씀을 드릴까요? 요즘 대한민국 K 방산업체 대박이 터진다고 좋아하고 있습니다. 폴란드에 이집트에 어떤 곳은 K2 흑표전차 어디는 K9 자주포 그리고 다른 곳은 포탄과 FA-50에 이어 4.5세대 전투기 KF-21 등 난리가 났습니다.
심지어는 대통령까지 나서서 무역수지 적자를 무기 수출로 때우려고 하는 것으로 보입니다만 무기가 인기가 좋고 잘 팔리려면 어떤 조건이 필요할까요?
일단 우리 K방산 무기가 사람을 잘 죽여야 합니다. 맞지요. 실수 없이 죽이고 그것도 한 번에 왕창 죽여야 합니다. 많이 죽일수록 멋지고 비싸게 잘도 팔립니다.
그리고 각국 나라가 지금 러시아 우크라이나처럼 주야장천 서로를 죽이면서 피 터지게 싸워줘야 합니다. 여러분들 죽음의 그림자가 넘실대는 전쟁터 가라면 좋아할까요?
인류 사회가 평화롭게 공존하고 서로를 위해 살면 각 나라의 국방예산이 줄어들 것이고 무기산업이 재미없고 한국산 K2 흑표전차를 사지 않습니다.

서로 잔인하게 싸워주어야 무기가 잘도 팔리지 않겠습니까? 그래야 우리나라가 무기 판매로 돈을 많이 벌어서 국가무역수지에 득이 된다고 생각 할 것입니다.
2차대전 패전국인 일본이 성장한 것이 한국의 6.25 전쟁 때 무기 팔아서 자국 내의 디플레이션을 막고 병참기지 역할을 하면서 수출로 다시 일어섰던 것입니다.
그러나 지금 기울어져 가는 일본이 어떻게 보이시는지요?

무기는 기술의 꽃이라서 한국이 기술면에서도 어느 정도 따라잡아야만 하기에 지난날 무기를 꾸준히 연구해 온 것은 타당하고 잘했습니다.
그러나 이것이 미래를 보장해 주는 새로운 패러다임은 분명 아니기에 모두가 몰라서 손뼉 치고 좋아하는 지금 미래를 바라보는 지식인은 사람을 죽이는 것이 아닌 사람을 살리는 새것을 찾아내지 않으면 어찌 되겠습니까?

2022.12.20./서경례/사람을 잘 죽이는 K 방산 우수한 무기들

# Looking at the Daejang-dong Criminal Case(19/62)

Let me tell you just one more case. These days, Korea's K-defense industry is popular, so I like it. In Poland, Egypt, and Saudi Arabia, some places ell the K2 Black Panther tank, the K9 self-propelled gun, and the FA-50, followed by the 4.5-generation fighter KF-21. Even the president seems to be trying to make up for the trade deficit with arms exports, but what conditions are needed for weapons to sell well? First of all, our K-Defense weapons must kill people well. That's right. K-weapon should kill a lot of people at once without making mistakes. The more people a weapon kills, the more popular K-weapons become, so our weapons sell well in many countries at high prices. And each country should fight fiercely, killing each other day and night, like Russia and Ukraine. Would you like to go to a battlefield where the shadow of death rolls over?
If human societies coexist peacefully and live for each other, each country's defense budget will decrease, the arms industry will not be fun, and Korean-made K2 Black Panther tanks will not be bought. So, in order for us to sell arms for the purpose of making money, other countries must fight each other brutally for weapons to sell well. So, you will think that our country will benefit from the national trade balance by making a lot of money from arms sales. Japan, a defeated country in World War II, grew up by selling weapons during the Korean War to prevent deflation in the country and to stand up again through exports while serving as a logistical base. But how do you see Japan, which is now economically collapsing? Weapons are the essence of technology, so Korea has to catch up to some extent in terms of technology, so it was good that we have been steadily researching weapons in the past. However, this is certainly not a future-proof new paradigm.
What would happen if an intellectual who looked to the future did not find something new that would save people rather than kill them?

2022.12.20./Seo Kyung-rye
/Excellent weapons from K Defense that kill people well

# 대장동 사건을 바라보며(20/62)

지난날 사법체계는 우리 고유의 지식이 없었습니다. 일본을 통해 성문화된 독일법을 받아들였고 요즘엔 영미법의 특징인 판례를 중시하니 그것도 역시 잘 받아 들였고 빌려서 사용을 잘했습니다.

그거나 그러한 지식의 한계가 지금 표출되고 있음을 아시는지요?
현재 시행되고 있는 모든 제도는 외국의 문화적인 현상을 우리가 답습한 것임을 부인할 수 없습니다.

법률도 시대에 따라서 많이 변합니다.
그런 서양의 지식이 이젠 수명을 다했기에 새로운 패러다임으로 모든 개념을 다시 정립하지 않으면 이미 떨어졌고 지금도 추락 하고 있는 법조인들의 명예는 찾을 길이 없습니다.

입법부 사법부 행정부를 장악했으나 그 많은 법조인 출신 중에서 단 한 명도 미래 비전을 제시하지 못하는 것이 현실입니다.
우리가 인정할 것은 인정해야 하고 현재 상황을 알아야 다음으로 한 계단을 올라 가는 것이지 모르는 것을 안다고 우긴다고 알아지는 것은 아니고 추락하는 명예를 강제로 올린다고 올라가는 것도 아닙니다.

지금의 법률체계는 과거의 희생자들의 산물입니다. 원고와 피고들이 있었고, 희생자와 범죄자들이 있어서 법률은 발전할 수 있었습니다.
우리는 그것을 흡수했으니 새것을 통해서 새로운 개념으로 다시 정립해서 인류가 영원히 함께할 새로운 대한민국 법전을 만들 어야 하는 위대한 사명이 있노라고 필자는 오늘도 외치면서 지혜를 드리고 있습니다.

2022.12.23./서경례/우리는 무엇을 보는가?

# Looking at the Daejang-dong Criminal Case(20/62)

In the past, the Korean judicial system did not have our own knowledge. Our country accepted German law codified through Japan. These days, our courts place importance on precedents, so that was also well accepted and well done. If this is the case, it cannot be denied that all systems currently being implemented are ours following foreign cultural phenomena. But do you know that the limits of such knowledge are now being expressed? Laws also change a lot over time.
Since such Western legal knowledge has now reached its end of life, there is no way to find the honor of the legal profession, which is still falling, unless all concepts are reestablished with a new paradigm.
The legislature, the judiciary, and the executive branch were dominated, but the reality is that not a single one from among so many lawyers can present a vision for the future.
We have to admit our current limitations, and it is good to go up the next step, and if we mistakenly think that we know what we do not know, the problem will not be solved. Also, the paradigm of the future is not forced to know, and it is not to rise by forcibly raising the falling honor of the legal profession.
You are seeing that not only the pseudo cult is dropping, but also the Chief Justice is starting to drop. The pseudo-religious leaders are to be seen by religious leaders, the President's humiliation must be seen by the President, and the fall of the Chief Justice is to be seen by the lawyers and the Chief Justice.
Our current legal system is the product of the victims of the past. The law was able to develop because there were many criminal defendants, plaintiffs and defendants. We absorbed it, so we have to re-establish and recreate it as a new concept through a new one, what are we going to make
Today, I am shouting out and giving wisdom that there is a great mission to create a new Korean law code that mankind will be with forever.

2022.12.23./Seo Gyeong-rye/What do we see?

# 대장동 사건을 바라보며(21/62)

마약범!
마약범도 그가 가진 에너지가 있는 사람입니다.
그런데 그 에너지를 살리지 못하고 있으니
오히려 사회를 오염시키는 도구로 되어 갑니다.
대한민국이 더는 마약 청정지역이 아니라는
얘기는 교도 기관의 교도가 전혀 효과가
없었다는 반증입니다.
지금도 연예인들 속으로 마약은 부지런히
침투되고 있고 또 국민의 정신은 마약으로
각종 복수심으로 물들어가고 있습니다.
이것이 누구 책임입니까?

입법부 사법부 행정부를 장악한 법조인
출신들과 현직 법조인 중에서 나이가
60세를 넘긴 선배들의 책임입니다. 그들이
모범을 보여 주지 못하고 있습니다.

파산자들과 사건이 증가하고 있습니다.
범죄자들이 증가하고 장애인이 증가하고
병원의 환자들이 증가하는데 단순히 숫자가
증가하는 것이 아니고 지난 30년 동안 비율이
증가해 왔다는 것은 무언가가 확실히
잘못된 것임을 알 수도 있지 않을까요?
지금의 지식으로는 범죄자들을 양산할 뿐
상처 입은 인간을 교육할 수가 없었던 것
입니다. 요즘은 아예 법조인 출신들이
수감자가 되어 감방에 들어갑니다.
암 전문의가 암 환자가 되듯이 말입니다.

법조인들이 근본을 깨닫지 못하면
방법이 없어요. 계속해서 사회적인 골병이
번져가야지 어쩌겠어요.
상속의 개념을 다시 정립하지 않으면
상속재산을 가지고 계속 싸워야 합니다.
또 "유류분"이란 조문을 존치시키면 계속해서
유류분 사건으로 시간을 낭비해야 합니다.

요즘은 상속재산만 있으면 너도나도
싸우느라 사건이 넘쳐납니다. 그렇다고
변호인들이 사건 수임료를 많이 받아서
경제력이 풍요로운 부자가 되는 것은
더욱 아닙니다.

2022.12.23./서경례/누가 범죄자를 만드는가?

# Looking at the Daejang-dong Criminal Case(21/62)

drug offender!
Even though he is a drug addict, he is a man with energy. However, since he cannot use that energy for society, he becomes a tool that pollutes society. Even now, drugs are diligently penetrating into celebrities, and the people's spirit is being tainted with drugs and various vengeful spirits. Who is responsible for this? Is the shaman responsible? Or are the workers wearing red belts and demonstrating for more money to blame?
It is the responsibility of seniors over the age of 60 among politicians and incumbent legal professionals who have dominated the legislative, judicial and administrative branches. They are not setting an example for society. Cases with bankrupts are on the rise.
The number of criminals increases, the number of disabled people increases, and the number of patients in hospitals increases.
Couldn't it be that the fact that it's not just the numbers going up, and that the rates have been going up over the past 30 years, means that something is definitely wrong?

The fact that South Korea is no longer a drug-free zone is evidence that prison sentences were not effective at all. Even now, drugs are diligently infiltrating celebrities and destroying the spirit of the people. With today's knowledge, it could only mass produce criminals and not be able to educate wounded humans. These days, lawyers and politicians are also imprisoned for various corruptions and enter the cell. Just like a cancer specialist becomes a cancer patient. There is no way if the legal profession does not realize the fundamentals. If intellectuals continue to neglect society, what will we do when all sorts of diseases spread?
If we don't redefine the concept of inheritance, we'll have to keep fighting over inheritance. These days, as long as there is an inheritance, there are overflowing cases because everyone is fighting. However, it does not mean that lawyers receive a lot of case fees and become rich with abundant economic power.

2022.12.23./Seo Gyeong-rye/Who makes criminals?

# 대장동 사건을 바라보며(22/62)

상속이라는 개념 하나만 놓고 보아도 지금의
상속은 부모의 물질적 자산만을 상속으로
법조인들조차도 그리 알고 있기에
상속인들과 장차 피상속인들이 서로 재산을
가지고 아귀다툼을 벌이고 판사도 변호사도
조정위원들도 이것을 방관하고 있습니다.

부모의 자산을 물려받는다는 것은 남겨진
자산을 사회의 공적인 가치를 위해
사용함으로써 부모가 사회에서 하지 못한
그들의 한을 풀고 사회적 책임을 다하는
것이 상속 재산에 의무로써 포함되어 있다는
명백한 진리를 법조인들부터 다시
성문화하는 작업을 거치지 않으면 지금의
사건은 줄지 않습니다.

상속인들이 그것을 소유하려고만 할 뿐
그중의 누구도 의무를 다하지 못할 때에는
그래서 형제끼리 서로 싸우고 화합하지
못할 때에는 사회를 위해서 국가가
환수하는 것이 맞습니다.

부동산 등 자산의 소유권 개념도 다시
성문화해야 하는데 그리하려면 물질과
그 물질에 스며있어서 반드시 사회에
기여해야 하는 가치 있는 정신적인 책임
부분을 법조인들부터 다시 정립해야만
가능 합니다.

그렇다면 다시 돌아와서
대장동 사건으로 왜 이토록 여당과 야당이
힘겨루기를 하는가?

2022.12.30./서경례/재물의 본질을 알아야

# Looking at the Daejang-dong Criminal Case(22/62)

Even if you look at the concept of inheritance alone, even lawyers know that inheritance is only the material assets of parents as inherited property.
As the reality is, the heirs and the future heirs are quarreling with each other over property, and judges, lawyers, and conciliators are standing by.
Inheriting their parents' assets means that they must fulfill their social responsibility, which their parents failed to do in society, by using the remaining assets for the public value of society.

This case does not diminish unless we go through the work of re-codifying the truth that this social responsibility is included as an obligation in inheritance.
When the heirs only want to possess it, but none of them can fulfill their duties, and brothers fight with each other and fail to reconcile, it is right for the state to take back the inherited property or the sake of society. The concept of ownership of assets such as real estate also needs to be re-codified.
To do so, it is only possible to re-establish the valuable mental responsibility part that must permeate the substance and contribute to society from the lawyers.

then come back Why are the ruling and opposition parties fighting so hard over the Daejang-dong incident?

2022.12.30./Seo Gyeong-rye
/You need to know the nature of wealth

# 대장동 사건을 바라보며(23/62)

상속재산이든 대장동 사건의 어마어마한 수익금이든 이것이 결국은 국민의 고혈을 짠 에너지입니다.
수천억이 하늘에서 뚝 떨어지는 것은 아니잖아요.
노동자들의 피와 땀이 고인 것이 맞아요.
50억 클럽 회원의 자녀가 6년 동안 근무하고 젊은이가 퇴직금으로 50억을 받은 사건이든 대장동 사건이든 주가조작 사건이든 그러한 모든 사건을 국민이 따지는 것의 핵심은 **국민을 바르게 이끌어가야 하는 그들의 활동이 정답을 모르고 가다보니 사회에 기여하지 않았기 때문에 따지는 것입니다. 표면적으로는 돈을 따지지만 진실로는 그것이 아니고 또 절차적인 문제를 따지는 것도 아닙니다.**

경제적인 형사사건은 그러한 돈의 가치만큼 어떤 활동을 했는지 국민이 이해할 수 있는 어떤 설명도 존재하지 않는 공통점을 가지고 있습니다.
결론적으로 그런 이익들이 결국은 국민의 이익을 위해서 공적인 자금으로 쓰이지 않았다는 상황들을 추론할 수가 있습니다.
돈에도 눈이 있다는 얘기들을 합니다.
국민을 위하는 생각으로 국민을 위해서 쓰려 하지 않을 때에는 어떠한 방법으로도 그 욕심이 드러나는 것입니다. 미래는 드러나는 시대라고 말씀을 드리고 있습니다.
만일에 국민을 위해서 수익금을 쓰려 했다면 국민은 어떤 불평도 하지 않습니다. 우리 자신한테 돌아올 이익인데 그것을 따지는 것이 오히려 손실이 되니 절차적인 하자가 있다 해도 문제 삼지 않습니다.
본시 경제력을 축적해야 하는 기업인이 시행사가 되어 수익을 챙겼을 때에는 문제가 되지 않음에도 기업인이 아닌 지식인이 돈을 만지면 문제가 되는 오묘한 원리를 법조인들은 지금 벌어지는 사건을 통해서 다시 생각해야 하는 시점입니다.

진실로 말씀드리면
소유권이라는 것은 살아있는 잠깐 동안 사회를 위해 물질을 보관하는 관리자 역할입니다.
돈의 관리자가 따로 있는 것이지요. 따라서 소유권은 신성불가침의 것이 아니고 재물을 함부로 자신의 욕망을 채우는 수단으로 사용할 때에는 제한될 수 있다는 한계를 가지고 있었던 것이지요.

또한 법률적 하자라는 것은 원고 피고, 가해자와 피해자는 어느 한쪽만의 하자만으로는 서로 문제가 되는 것이 아니었으니 이것의 개념부터 다시 정립하고 처벌 위주가 아닌 삶의 근본을 다시 잡아주는 미래의 교육기관으로 교도소는 다시 태어나야 합니다.
오죽하면 "학교"라고 하잖아요!
그 말이 은어가 아니고 진실로 학교가 맞습니다.
모든 사건의 가해 당사자들은 자신이 무엇을 잘못하고 있었는지 알지를 못합니다.
그들이 과거의 자신의 삶의 모순을 다시 생각할 수 있고, 이해가 가능하도록 해야 하는 책임이 법조인들한테는 분명히 있습니다.

지금의 지식으로는 삶의 본질을 다시 잡아 주는 것이 아니고 범죄자들을 확대 재생산하는 역할을 법원과 교도소가 하고 있습니다.
따라서 법조인들은 전과자들을 확대 재생산하는 지금의 사법부의 문제점을 다시 면밀히 점검하고 개념을 다시 잡고 인생의 목적 자체를 바꾸게 만들 수 있는 새로운 학교를 만들겠다는 일념으로 전과자를 줄이는 것부터 고민해야 하고 그에 발맞추어서 장차 미래세대가 영원히 쓸 대한민국 법전을 새로운 지식으로 다시 만들어야 합니다.

사법체계가 그동안 방치해 두었던 전과자들을 새로운 국가의 에너지로 돌리는 방향으로 법률체계의 초점이 다시 맞추어지지 않는 한 법조인들의 영광스러운 명예는 찾을 수 없습니다.
지금의 사회적 혼란의 주범은 60대 이상 법조인 출신들의 무지가 근본 원인임을 여기에 밝혀 둡니다.

2022.12.30./서경례/현재 60대 지식인들의 책임

# Looking at the Daejang-dong Criminal Case(23/62)

Whether it's inherited property or the huge proceeds from the Daejangdong incident, this is the energy that ultimately wrought the blood of the people. Hundreds of billions don't just fall from the sky for no reason.
It is true that money is the blood and sweat of workers. Whether it is a case of receiving 5 billion won in severance pay after working for six years, a blacksmithing case, or a stock manipulation case, we will look at the core of all such cases.

Economic criminal cases have something in common that there is no explanation for the public to understand what kind of activities were conducted as much as the value of such money. In other words, the point of the economic case is to examine the fact that their activities did not contribute to society to the extent of the amount, not procedural issues. They say money has eyes.
When you do not want to spend money for the people with the idea of serving the people, that greed is revealed in any way.
I am telling you that the future is an era of revelation.

If the proceeds were to be spent for the people, the people would not complain.
If it is a benefit that will return to ourselves, even if there are procedural flaws, we do not take issue with it. In addition, it is not a problem when a businessperson who needs to accumulate economic power becomes a developer and earns profits, but when a pure intellectual, not a business manager, is greedy for money, it becomes a problem.

To tell you the truth Ownership is the stewardship of material possessions for the benefit of society for a brief period of time. The message I want to give is that there was a separate manager of money. Ownership is therefore not sacrosanct.

In other words, it had a limit that it could be limited when using wealth as a means to satisfy one's personal desires.

In the future legal system, perpetrators and victims do not become a problem with only one defect, so the concept of this must be reestablished. Prisons must be reborn as future educational institutions that reestablish the fundamentals of life rather than focusing on punishment. It's like saying "school"! It's not slang, it's truly school.

Until now, the inmates did not know what they were doing wrong. So all the inmates say they didn't do anything wrong and they feel unfair. It is clear that lawyers have the responsibility to make sure that they can recognize and understand the contradiction of their flesh.
However, according to the knowledge so far, prisons have played a role in expanding and reproducing criminals, not in recapturing the essence of life.

Thus, lawyers need to think about reducing the number of ex-convicts with the determination to create a new school that can closely examine the problems of the judiciary, redefine the concept, and change the purpose of life itself.
And in line with that, we must recreate the Korean law code that will be used forever by future generations with new knowledge. Unless the focus of the legal system is refocused in the direction of reviving ex-convicts, who have been neglected by the judicial system, as new energy for the nation, the honor of the lawyers cannot be found. It is revealed here that the main culprit of the current social confusion is the ignorance of former lawyers in their 60s.

2022.12.30./Seo Gyeong-rye
/Responsibilities of intellectuals in their 60s

# 대장동 사건을 바라보며(24/62)

**4. "국민의힘"의 문제점과 나아갈 길.**

아마도 친구님들 중 50%는 국민의힘을 지지하고 계신 분들이라 봅니다. 지금부터는 그분들을 위해 쓰는 것이니 민주당 지지자들은 보지 않고 통과해도 됩니다.

국민의힘이 현재 여당으로서 국정을 책임지고 있고 대통령을 배출했는데 안타깝게도 앞으로 나가지를 못합니다. 보수 세력이고 면면을 살펴보면 과거의 이력들이 대통령부터 법조인 출신들이 많은데 맨날 야당하고 똑같이 싸웁니다. 야당이 여당 탓을 하면 똑같이 야당 탓을 합니다.

대장동 사건을 수사하면서 야당의 대표가 "정적 제거하냐?"라고 하면 "도적 제거한다." 라고 대답을 합니다. 그리고 국민은 그것을 보고 있습니다. 실제 사항들입니다. 싸움은 똑같은 수준일 때에 하는 것이지 한쪽이 월등하게 실력이 차이 나면 손바닥이 부딪히지 않습니다.

필자가 2021년부터 그러니까 현재 야당이 여당 시절부터 대통합을 외치면서 책으로 출판해서 지인들 중에서 민주당 지지자들에게도 나누어 주었습니다만 진정한 대통합을 하지 못했고 오히려 딱 한 번만 더 정권을 차지하겠다고 욕심을 부렸습니다.

원만하게 대통합으로 권력을 양보한다는 각오로 화합하고 이양했더라면 그리고 지난 시절의 부조리를 서로 힘을 합해서 스스로 교정하는 방법을 취했더라면 대장동 사건으로 아까운 목숨들이 사라지지 않아도 되었건만 그리 하지를 못했습니다.

출산을 독려할 것이 아니고 이미 존재하는 사람들이 제 역할을 못하고 사라지는 것을 방지하는 것이 현명합니다. 우리나라가 자살률이 세계 1위 라는 오명을 쓴지도 벌써 오래되었습니다. 정치인의 책임이 작다고 볼 수 없는 부분입니다.

2023.01.06./서경례/안타까운 시간들

# Looking at the Daejang-dong Criminal Case (24/62)

## 4. The problems of the "ruling party" and the way forward.

Probably 50% of my friends are currently supporting the ruling party. From now on, I am writing for them, so supporters of the Democratic Party can pass without seeing it. The power of the people is currently in charge of state affairs as the ruling party and has produced a president, but unfortunately it cannot move forward. It's a conservative force, and if you look at the face, the past history is gorgeous, and there are many people from the president to the legal profession, but they always fight the same with the opposition.
If the opposition party blames the ruling party, they blame the opposition party equally.
While investigating the Daejang-dong incident, the representative of the opposition party said, "Are you removing the static?" Saying that, the representative of the ruling party "remove the thief." answer. And people are watching it. It's so low quality and these are the real things. Fighting is done when the level is the same, but if one side has a significantly different skill, the palms do not collide.

Since 2021, so the current opposition party has been published as a book while shouting for the grand integration since the days of the ruling party, and shared it with the Democratic Party supporters among their acquaintances. However, true grand integration was not achieved, and rather, they were greedy to occupy the government just one more time. What would it be like if the Democratic Party had harmonized and handed over with the determination to yield power through grand unity? And how good it would have been if the ruling and opposition parties had joined forces to correct the absurdities of the past!
The Daejangdong Incident didn't have to take away precious lives, but we couldn't do that. It is wise not to worry about the low birth rate, but to prevent those who already exist from disappearing without fulfilling their role. It has been a long time since Korea has been stigmatized as having the world's number one suicide rate.
Even in that part, the responsibility of politicians cannot be seen as small.

2023.01.06./Seo Gyeong-rye/Poor times

# 대장동 사건을 바라보며(25/62)

현재 상황을 볼까요?
현재 야당은 대통령을 흠집 내서 끌어내리려고 하고 있습니다. 탄핵하고 싶어 하니 조금이라도 틈만 보이면 탄핵할 것입니다. 검사 출신의 독재자가 현재 대통령이라서 검찰권을 남용한다고 보는 것이 야당 생각입니다.

또 대통령 부인의 행보를 가지고서도 말할 것도 없이 무조건 트집을 잡고 있는데 오드리 헵번 흉내를 내는 거냐하고 조롱을 하기도 합니다. ~~포르노라고 하면서요. 거기다가 주가조작을 했다는 등의 지속적인 공격을 하고 있습니다..

법인세를 인하해야 하는 시점이건만 그것도 거대 야당의 협조가 없으니 여당이 뜻대로 할 수 없고 어떤 민생법안도 통과되기 힘든 구조를 가지고 있습니다.

이태원 참사로 많은 젊은이가 죽었는데 이것을 빌미로 행안부 장관을 끌어내리려고 합니다. 탄핵 사유가 되지 않는다고 판단하는 장관 본인도 대통령도 버티기를 합니다.
여당의 시각에서 보면 참으로 어처구니없는 비상식적인 사람들이 현재 야당이고 그들의 논리는 억지가 됩니다.

최근의 한 장관의 표현으로는 야당의 한 국회의원한테 "입만 열면 거짓말"을 하는 사람이라고 말을 합니다. 그런데요. 아무리 거액을 손해배상 청구해도 또다시 입을 열면 거짓말을 할 수 있고 또다시 상대를 비난합니다.

왜 그럴까?
우리 똑똑한 판사 출신 검사 출신의 여당 국회의원들은 생각들을 해보자고요. 초선도 아니고 재선도 아니고 4선 5선으로 그토록 국민의 세금을 후루룩 마시고 정치 무대에서 살았는데 지금 그런 원인도 몰라서야 무슨 일을 할 수가 있을까요?

한 나라 안의 사람들과 화합하지 못하는데 하물며 그보다 더 큰 무대인 다른 나라와 화합할 수 있을까요?
작은 조직도 다스리지 못하는데
더 큰 조직을 다스릴 수 있다는 논리는
존재하지 않습니다.
일단은 현재 야당인 민주당과 화합을 해야
민생법안이며 더 나아가 일본과의 강제
징용 판결 문제 등을 풀 수가 있습니다.

매일 함께 호흡하고 서로 마주 보고
국회 안에서 부딪히는 그 사람들이
나쁜 사람들일까?
가서 민주당 의원들한테 물어보면
나쁜 사람들이 아니라고 합니다.

그들이 짱구일까요?
가서 IQ를 검사해 보면 멀쩡할 텐데요.
민주당 지지자들한테 가서 물어보면 그들이
오히려 좋다고 하고 국민의힘이 나쁘다고
합니다.

필자가 드리고자 하는 말씀은 현재 여당인
국민의힘이 야당인 더불어 민주당한테
가지고 있는 모든 생각이 진리가 아니라는
사실을 얘기하는 것입니다.

2023.01.06./서경례/왜 그럴까? 생각을 해야

# Looking at the Daejang-dong Criminal Case(25/62)

Let's look at the current situation.
Right now, the opposition is trying to scratch and bring down the president.
They want to impeach the president, so they will impeach the president if they show even the slightest gap.
It is the opinion of the opposition supporters that the dictator who was a prosecutor is abusing the prosecution power because he is the current president.
Also, with the president's wife's actions, needless to say, opposition supporters are unconditionally arguing, and they ridicule that they are imitating Audrey Hepburn.
In addition, it is continuously attacking, such as stock price manipulation. It's time to cut the corporate tax, but that's without the cooperation of the huge opposition party, so the ruling party can't do what it wants, and it has a structure that makes it difficult for any public welfare bill to pass.
Many young people died in the Itaewon disaster, and they are using this as an excuse to bring down the Minister of Public Administration and Security.
The minister himself and the president, who judge that this is not a reason for impeachment, will hold on. From the perspective of the ruling party, truly absurd and nonsensical people are the current opposition party's claims and deterrent logic.
In the recent expression of a minister, the public sees through the news that a member of the opposition party is claiming compensation for damages, saying that he is a person who "lies when he opens his mouth." By the way No matter how much he is a minister, even if he claims a large amount of damages to root out, if he opens his mouth again, he can lie and criticize the other party again.
Why is the opposition like that?
Let's think about our smart ruling party lawmakers.

It was neither the first election, nor the re-election, but he drank so much tax money from the people and lived on the political stage, but what can he do without knowing the cause?

If you cannot harmonize with the people within one country, how much more can you harmonize with other countries such as Japan, which is a bigger stage than that?

If you can't govern a small organization, there is no logic that you can govern a larger organization.

First of all, the ruling party needs to reconcile with the current opposition Democratic Party to solve the issue of the people's livelihood bill and furthermore, the forced labor ruling with Japan.

In your opinion, are those people who breathe together, face each other, and bump into each other in the National Assembly are bad people?

If you go and ask the Democrats, they say they're not bad people.

Are they stupid?

Go take an IQ test and you'll be fine.

If you go and ask the supporters of the Democratic Party, they say they are rather good and the People's Power Party is bad. What I want to say is to tell you that all the thoughts that the current ruling party members of the National Assembly have toward the Democratic Party as well as the opposition party are not the truth.

2023.01.06./Seo Gyeong-rye
/Why are they like that? we have to think

# 대장동 사건을 바라보며(26/62)

국민의힘 지지자들은 생각을 해봐야 합니다.
민주당은 바보일까?
민주당은 나쁜 사람들일까?
여러분은 그들의 존엄성이 느껴지는지?
그들이 귀하게 느껴지십니까?

국민의힘은 민주당을 존중하는지?
아님 사랑하는지?
지금까지 단 한 번만이라도 그들을 이해하고 존중하고 사랑한 적이 있었을까요?

국민의힘이 민주당을 알고 있는 것인지?
지금까지 서로 싸운 책임이 누구한테 있는 것인지? 그것이 항상 민주당한테만 있다고 말한다면 어딘가 좀 이상한 일이잖아요?
앞으로는 상대방을 의심하기보다는 우리 자신을 의심하는 습관을 가져 봅시다.
지식인이라면 그 정도는 가능해야 합니다.

이런 생각을 해보자고요.
만일에 필자가 여러분들을 위해 모든 지식을 꺼내서 여러분들의 삶에 도움이 되고 이름을 빛내주고 성장할 수 있는 원천이 된다면 여러분들이 필자를 끌어내리고 욕하고 비난하려고 안달하지는 않습니다. 입만 열면 거짓말로 상대를 희롱하려고 하지도 않습니다.

국민의힘이 그들한테 도움이 되는 삶을 살았다면 절대로 민주당 의원들이 이토록 대통령을 끌어내리려고 또 법무부 장관을 희롱하고 대통령 부인을 희롱하고 행안부 장관을 탄핵하려고 애쓰지 않습니다.

민주당은 바보가 아닙니다. 그들을 위해 사는 사람을 원합니다. 여러분들이 여러분들을 위해 사는 사람이 필요해서 인연을 형성하듯이 똑같은 것입니다.
이 대원칙을 알아야 비로소 분별할 수가 있습니다. 이것을 진리라고 합니다.

2023.01.07./서경례/누구에게나 적용되는 원리

# Looking at the Daejang-dong Criminal Case(26/62)

The ruling party and supporters of the president need to think.
Are the Democrats stupid?
Are the Democrats bad people?
Can you feel their dignity?
Do you feel they are precious?
Have you ever understood, respected, and loved them, even just once?
Does the current ruling party know the Democratic Party?
Who is responsible for fighting each other so far?
It's a bit odd somewhere to say that the responsibility always lies with the Democrats.
Let's have a habit of doubting ourselves rather than doubting the other person from now on.
If you are an intellectual, you should be able to do that in terms of your thinking ability.

Let's think about it like this.
If I bring out all the knowledge for you and become a source of help and growth in your life, you will not be in a hurry to curse and criticize me.
If you open your mouth, you won't even harass your opponent with lies.
If the ruling party lived a life that helped them, the Democratic Party members would never incite the people to bring down the president like this.
And they don't try to insult the Minister of Justice, disparage the wife of the President, or impeach the Minister of the Interior.
Opposition parties are not stupid.
They want someone who lives for them.
It's the same as when you form a relationship because you need someone to live for you.
Only when you know this great principle can you discriminate fairly.
This is called truth.

2023.01.07./Seo Gyeong-rye/Principles that apply to everyone

# 대장동 사건을 바라보며(27/62)

국회 의원들은 이미 말씀을 드렸듯이 정치적 귀족 집단입니다. 계층구조를 피라미드로 보면 됩니다. 거기서 맨 윗자리에 있습니다. 맨 윗자리에서 품위를 유지하고자 하면 누군가는 노동을 하고 세금을 내야 하는데 이것을 아래의 국민이 다 합니다.
밑에서 노동자가 달러를 벌고 그것이 기업에 들어가고 기업이 세금을 내니 국회의원들은 그것을 가지고 폼 나는 생활을 할 수가 있습니다.

올해도 국가 경제가 어렵고 국민의 삶은 팍팍해져만 갑니다. 적자가 472억 달러라고 하네요.
적자라는 의미를 잘 새겨야 할 때입니다.
에너지 가격도 많이 올랐는데 우크라이나 사태부터 시작해서 세계가 점점 갈등의 골이 심화되니 갈수록 에너지 전쟁은 격화됩니다.

설상가상 물가가 하늘 높은 줄도 모르고 가파르게 올라서 마트에 가면 주부들이 10만 원으로는 살 것이 없어지니 비싼 한우 등심을 쉽게 장바구니에 넣기가 어려워지고 외식을 하는 것도 자제합니다.

귀족은 그럴까요?
변함없이 비싼 한우를 먹고 고급 식당에서 만나야 하고 제네시스 고급 차를 타고 기사 급여도 줘야 하고 자녀들도 변함없이 예전하고 똑같이 생활하도록 유지됩니다.
물가가 올라도 에너지값이 올라도 귀족들이 쓰는 돈이 더욱 많아져도 그들의 급여는 계속 해마다 올리고 물자며 비용을 전부 국민이 대는데
그것이 기존보다 많아지니 이젠 노동자들이 받아야 하는 몫에서 빼는 것도 모자라 중산층의 호주머니도 털어야 비로소 상층 귀족들의 생활이 고스란히 폼 나게 유지됩니다.

돈이라는 것이 하늘에서 뚝 떨어지는 것이
아니고 국가 수입은 한정되어 있는데
누군가의 호주머니를 비워야만 상층 귀족의
여유로움이 물가가 오르기 전하고 똑같이
유지되는데 이젠 하층 국민만으로는
댈 수가 없으니 중산층을 무너뜨려서
그들의 호주머니에 있던 경제력도
전부 위쪽으로 올려 주고 있다는
사실을 아시는지요?

중산층이 무너진다는 얘기는 바로 그것을
의미하는 것이니 그것을 받는 정점에
국회의원들이 있습니다.

2023.01.07./서경례/누가 중산층을 무너뜨리고 있는가?

# Looking at the Daejang-dong Criminal Case(27/62)

Members of Parliament are, as I have already said, a group of political aristocrats.
You can think of the hierarchy as a pyramid. Members of Congress are at the top there.
If you want to maintain dignity at the top, someone has to work and pay taxes, but the people below do it all.

Under the law, workers earn dollars, which go to companies, and companies pay taxes, so lawmakers can live a lavish life with it.
You also know that people wearing the badge of a member of the National Assembly look as high as the sky, and when they meet, they want to shake hands and want to get closer.

This year, the national economy is struggling and the lives of the people are getting tougher.

The deficit is said to be $47.2 billion.
It's time to carve out the meaning of deficit.
Starting with the Ukraine crisis, the world is increasingly intensifying the conflict over energy, and the energy war is intensifying.
To make matters worse, housewives go to the mart without knowing that prices are sky-high, and housewives have nothing to live like before with 100,000 won.

Are the nobility like that?
Even if prices go up, energy prices go up, nobles spend more money, but their salaries continue to rise year after year.
Not only that, but the amount of money consumed is also rising, and the people are paying for all the goods and expenses required for their lives, and now that it is more than before, it is not enough to subtract from the share that workers should receive.

The beginning of a deficit has such a meaning, so now the lives of the upper class nobility can be maintained intact only when the pockets of the middle class are emptied.

Money doesn't just drop from the sky.
Then you can understand the principle that since the national income is limited, someone's pockets must be emptied so that the leisure of the upper aristocracy remains the same even before prices rise.
Talking about the middle class collapsing means just that, and there are members of Congress at the peak of receiving it.

2023.01.07./Seo Gyeong-rye/Who is destroying the middle class?

# 하나씩 풀어야만

방정식 원리를 하나만 깨달아도
기분이 날아갈 듯한데 하물며
자연의 이치를 하나씩 알아가는 것이라면
그것은 돈으로도 환산이 불가능한
엄청난 가치를 가지고 있습니다.

우리가 가진 모든 것을 다 주어도
아깝지 않은 자연의 이치를 안다면
비로소 우리의 영혼이 자유롭게
될 것입니다. 그것을 가리켜서
"진리가 너희를 자유롭게 하리라"

그 말을 풀어보면
진리를 득하지 못하는 한
우리는 묶여서 살게 됩니다.
누구도 예외는 없습니다.

강아지에 묶이고,
재물과 돈에 묶이고,
야한 동영상에 묶이고,
우리가 스스로 묶입니다만
실타래를 하나씩 풀어서
자유롭게 훨훨훨 날아봐요.

2021.08.04./서경례/진리로 하나씩 풀어야만

---

| | |
|---|---|
| **임길명** | 날고는 싶은데 방법을 몰라서…..<br>진리를 몰라서 돈에 강아지에 묶여<br>세월을 허비하네요. |
| **서경례 임길명** | 그래도 님은 돈과 강아지에만 묶여 있지요.<br>다른 사람들은 더 묶인 것이 많답니다.<br>그리고 묶인 것조차도 모르지요. ^^ |
| **청하** | 우리 아름다운 생활이 많은 것에 묶여서<br>더 좋은 생활을 못 할 때가 많아요.<br>속박의 굴레에서 벗어나려면 지혜가 필요합니다. |

# We must solve one by one with the truth

Even if you realize just one equation
principle, you feel like flying.
Even more, if you are learning the
principles of nature one by one,
it has tremendous value that cannot
be converted into money.

If we know the law of nature that is not
a waste even if we give our all Only then
will our souls be set free. by pointing to it
"The Truth Shall Make You Free"

Unraveling those words,
as long as we do not gain
the truth, we will live in chains.
No one is exempt.

Tied to puppies, tied to riches and
money, tied to slutty videos,
tied to ourselves Untie the threads
one by one and let us fly freely.

2021.08.04./Seo Gyeong-rye
/You have to solve your life one by one with the truth.

**Lim Gil-myung**    I want to fly, but I don't know how.
I don't know the truth
Tied to money and puppies, time is wasted.

**Seo Gyeong-rye Lim Gil-myung**
But you are only tied to money and dogs.
Others are more tied up. And they don't
even know what they're tied to. ^^

**Chungha**    There are many times when our beautiful life is
tied to many things and we cannot lead a better life.
We need wisdom to break free from bondage.

# 대장동 사건을 바라보며(28/62)

중산층이 무너지고 있고 그들의 호주머니에 있던 경제력이 전부 위쪽으로 간다는 말씀을 드렸습니다. 그래서 오히려 은행의 수신고가 많이 늘었고, 비싼 고급 식당들은 손님이 바글바글합니다. 양극화가 심화되고 있는 것인데 아무리 경제가 어렵다고 해도 국회의원들이 그들의 급여는 탄탄하게 나오고 시간 가면 올라가고 씀씀이가 여전한 상태에서 국민의 절박한 현실을 알 리가 없는 것입니다.

지난 5년 동안 코로나라는 핑계로 알량한 돈을 몇십만 원씩 풀었던 것조차도 인플레이션 독이 되어 국민의 삶을 멍들게 하고 있어도 국회에 들어가는 모든 물자며 소비되는 전력이며 비품비는 그들이 일하는 곳이니 국민은 불편함이 없이 대주어야 하는 것이 당연합니다. 대신에 바르게 일해야 하고 미래비전을 제시해서 앞으로 전진해야 하는 책임을 가졌는데 미래 비전이 있을까요?
다시 얘기를 돌리면 국회의원들을 정치 귀족이라고 드렸는데 그중에서도 민주당과 국민의힘을 또 크게 분리해 볼까요?

민주당의 원내대표나 얼마 전까지 담당했던 젊은 대표들조차도 대체적으로 나이가 국민의힘보다는 적습니다. 의원 숫자는 많습니다.
형제간에도 정치적 성향이 다른 집안은 형님이 보수 쪽이고 아우가 진보 쪽인 것은 우연이 아니고, 보수 쪽이 형님의 자리에 있음을 의미하는 것입니다.
그러니까 피라미드의 맨 상층에서도 또 상층의 맏형 자리가 보수 형님의 자리입니다.
(형님과 아우는 고정된 개념이 아니고 권력을 잡은 쪽이고, 일단 정부가 일을 할 때에는 거시적이고 보수적으로 생각을 해야 하는 측면을 비유한 것임)

피라미드를 3등분하면 맨 밑자리가 귀족을 떠받치고 있는 국민이고, 중간에 아우인 민주당이고(국민과 가까운 자리) 맨 꼭대기가 현재의 여당인 국민의힘이 자리잡고 있습니다.

2023.01.08./서경례/맨 꼭대기가 누구일까?

# Looking at the Daejang-dong Criminal Case(28/62)

So rather, the bank's deposit has increased a lot, and expensive high-end restaurants are full of customers. The polarization is deepening, but no matter how difficult the economy is, the members of the National Assembly are not aware of the desperate reality of the people because their salaries are solid, and their spending goes up over time. The U.S. Fed says it will control inflation, but can it be caught?

Over the past five years, even the small amount of money that has been spent by hundreds of thousands of won on the pretext of corona has become an inflationary poison and bruises the lives of the people.
Nonetheless, all supplies, power consumed, and equipment for the National Assembly
It is only natural that the public should provide rain without any inconvenience.
Instead, they have the responsibility to do things right and move forward by presenting a vision for the future. Do they really have a vision for the future?

If we talk again I gave the members of the National Assembly as political aristocrats, but among them, shall we separate the Democratic Party and the ruling party?
Even the Democratic Party's floor leader or even the young representatives who were in charge a while ago are generally younger than the conservatives.
However, the number of MPs is large.
It is no coincidence that the older brother is on the conservative side and the younger brother is on the progressive side.
It means that the conservative side is in the older brother's place.
So, even at the top of the pyramid, the eldest brother's seat on the top floor is the conservative brother's seat.
If you divide the pyramid into thirds, the people at the bottom are the people who support the aristocracy, in the middle is the opposition party on the progressive side (close to the people), and at the top is the conservative people of the current ruling party.

2023.01.08./Seo Gyeong-rye/Who is the top?

# Looking at the Daejang-dong Criminal Case(29/62)

If you look closely at the pyramid, the people are supporting the top from the bottom, and the Democratic Party, an aristocrat, is in a position attached to the people.

There is a message saying to take good care of people's lives in every corner, but now they are not progressives conducting new research, but they have changed to leftists with biased views and do not look at the people.
First of all, I live first, and the people come second, so their political calculations come first and people's livelihoods are pushed back.
Who is responsible for this?

So, let's look at the top of the pyramid.
I said that the Democratic Party is the younger brother, and the conservative forces are closer to the sky in the pyramid of the seat of the older brother.

They have heaven's help.
It is not a coincidence that the location is close to the sky, and such a principle is hidden.
At the same time, there are not only the people below, but also the Democratic Party.

If you compare the Democratic Party and the Conservative Party as a family, the Democratic Party
is the younger brother of the family.
So the older brother has to live for the sake of the lower part of the pyramid that includes his younger brother.

As a result, the top of the pyramid must live for the sake of those below.
This is a great law that cannot be moved like an equation ($E=mc^2$), so it is called truth.

But now, in the family of the Republic of Korea, the older brother and the younger brother are fighting each other for power. Since they turned into a broken family, should we ask the younger brother to take responsibility for this?
If they fight each other, it is natural that the lives of the people become increasingly difficult, and the Republic of Korea cannot do what it should do in the world, and if it expands further, the whole world is bruised. Do you know that conservative political aristocrats in the Republic of Korea are outstanding beings who have made the most excellent intellectual growth over the past 30 years in the world as of 2023?

2023.01.10./Seo Gyeong-rye/Do you know where you are?

# 대장동 사건을 바라보며(29/62)

피라미드를 잘 보면 국민이 아래쪽에서
위를 떠받치고 있고 그런 국민과 붙어 있는
자리에 귀족인 민주당이 있습니다.
국민의 삶을 구석구석 잘 살피라는 메시지가
거기엔 있습니다만 지금은 진보가 아니고
좌익으로 변해서 국민을 살피지 않습니다.
우선 내가 먼저 살고 국민은 그다음이니 항상
그들의 정치적 계산이 우선이고 민생은 뒤로
밀려납니다. 이것이 누구 책임일까요?

그럼 맨 꼭대기를 봅시다. 민주당이
아우라고 말씀을 드렸고 보수 세력이
맏형의 자리니 하늘 쪽에 가깝게 있네요.
이들은 하늘의 도움을 받습니다. 위치가
하늘하고 가깝게 있는 것은 우연이 아니고
그런 원리가 숨어있습니다.
동시에 밑으로 국민만 있는 것이 아니고
아우 격인 민주당도 있네요.
민주당이 정치 귀족이나 이것을
한 덩어리로 묶어서 집안으로 비유를 하면
집안의 아우에 해당하니 맏형은 아우를
포함해서 즉 아래를 위해서 살아야 됩니다.

결과적으로 피라미드 맨 윗자리는 무조건
아래를 위해서 살아야 합니다. 이것은
방정식($E=mc^2$)처럼 움직일 수 없는
대 법칙이니 진리라고 합니다.

그런데 지금은 대한민국이라는 집안에서
형하고 아우하고 서로 밥그릇 가지고
공천장사 하면서 싸우고 있습니다. 집안이
콩가루 집안으로 변해서 아웅다웅하니
이것을 두고 아우부터 책임을 물어야 할까요?
국민의 삶이 점점 힘들어지는 것은 자명한
일이고 대한민국이 세계에서 해야 할 일을
하지 못하는 것이고 더욱 확장하면
전 세계가 멍들어가고 있습니다.

대한민국에서 정치 귀족이고
그중에서도 더 윗자리 형님의 자리는
지금 2023년 현재 전 세계에서
지난 30년 동안 가장 우수한
지적인 성장을 거듭한 탁월한 존재라는
사실을 아시는지요?

2023.01.10./서경례/자신의 위치를 아는가?

# 대장동 사건을 바라보며(30/62)

지금 민주당과 싸우는 국민의힘이 권력을 잡았으니 얼른 형님의 자세로 돌아가서 형님의 자리에서 아우로 자리를 바꾼 민주당을 살피는 것이 아니고, 우익으로 변해서 본인들의 이토록 막중한 역할을 모릅니다. 물론 지난 5년 동안 이런저런 일들이 있었기에 국민의힘 입장에서 보면 감정상 좋지는 않을 것입니다. 필자가 그것을 모르지는 않습니다. 그런데요. 당파싸움의 근원을 계속 과거로 과거로 파해 치고 들어가면 그 원초적인 책임은 형님 격인 보수 세력에 있습니다. 형하고 아우하고 싸우면 원인을 모르더라도 무조건 형님의 책임이 큽니다. 아우는 형을 보고 배우는 과정이 있었을 것이기에 그렇습니다. 진실로 그러할 지니 아우가 무어라고 말을 해도 똑같이 똑같은 수준으로 대응해서는 볼썽사나운 지금의 모습이 되는 것입니다. 아우는 성장하는 자리에 있습니다. 처음에 정치에 입문할 때에는 야당이나 민주당에서 시작했다가 나이가 들어가면서 점점 시야가 확장이 되고 경험이 쌓여가면 비록 야당이라고 해도 보수 성향으로 가는 현상을 볼 수가 있고 국민의힘이 보수 쪽이라 해도 처음에 정치에 입문하는 젊은이들은 진보 쪽의 시각으로 현상을 바라보다가 나이가 들어가면서 같은 정당 안에서도 견해가 점점 확장됩니다. 이것은 상대방을 배신해서가 아니고 젊은 진보세력은 성장하는 과정에 있는 것이고 나이 든 보수 형님 세력은 지적인 성장으로 시야가 최대한 확장된 상태에 있기 때문입니다. 과거의 김영삼 김대중이 처음엔 진보세력인 야당에서 시작했다가 나중엔 보수로 전환해서 국정을 이끌었기에 무탈할 수 있었던 것이 우연이 아니고 성장의 단계마다 사람의 역할이나 사고의 크기가 달라져서 생기는 것이니 우리 친구님들은 무조건 어느 한쪽에 매몰될 것이 아니고 이런 진보와 보수의 역할을 먼저 아는 것이 지혜롭습니다. 경제학적으로 표현하면 미시경제가 아닌 거시 경제를 보는 것에 더 적합한 보수는 아우로부터 여러 정보와 제안을 받아서 세상을 크게 보고 결정을 할 때 그 결정이 무탈합니다. 결국은 아우를 위해서 살아아만 하고 인생의 길을 안내해야 하고 모범이 되어야만 하니 형님이 자기 자신을 먼저 챙기려고 하면 어찌 되겠습니까?

2023.01.10./서경례/성장 시기마다 역할이 다름

# Looking at the Daejang-dong Criminal Case (30/62)

The older brother who fights with the Democratic Party now is not a conservative, but a rightist, so they don't know their important role.
Of course, things have happened in the past five years, so from the conservative point of view, there will be something disappointing.

By the way
If we continue digging into the past to find the source of partisan strife, the original responsibility lies with the conservatives.
If the older brother and younger brother fight, even if the cause is not known, the older brother is always responsible.
This is because the younger brother who was born late must have had a process of learning from his older brother.

will it be true
Even if the younger brother says something, the conservative older brother responds at the same level, and it becomes the embarrassing present appearance.
A younger brother is in a position to grow. When he first entered politics, he started in the opposition party or the Democratic Party, and as he got older, his horizons gradually expanded.
As experience accumulates there, even if it is an opposition party, you can see the phenomenon of going conservative.

The Conservative Party also sees young people entering politics for the first time from a progressive point of view.
As we look at the phenomenon, as we grow older, our views gradually expand.
Like this, the young progressive forces are in the process of growing, and the older conservative brother forces are in a state where their intellectual growth has been completed and their sights have been expanded as much as possible.

It is not a coincidence that Kim Young-sam and Kim Dae-jung of the past started out in the opposition party, which was a progressive force, and later switched to conservatives and led state affairs, so they were able to pass through.

Each stage of growth is caused by a change in the size of a person's role or thinking, so it is wise for our friends to know the role of progress and conservatism first, rather than being buried in one side unconditionally. In terms of economics, the eldest brother, who is more suitable for looking at macroeconomics rather than microeconomics, receives various information and suggestions from his younger brother, so he can see the world in a big way and make decisions.

Since the procedure is like this, in the end, the conservatives have to live for their younger brother, guide the path of life, and set an example. But what if your older brother tries to take care of himself first?

2023.01.10./Seo Kyung-rye
/The role is different for each growth period

# 대장동 사건을 바라보며(31/62)

'형만한 아우가 없다'라는 속담이 있더이다. 형님의 존재 자체가 힘이 되고 아랫사람들에게 도움이 될 때 나오는 소리입니다. 특히나 우리나라는 형님의 역할을 중요하게 여기므로 결혼할 때에도 순서대로 했고, 만일에 순서가 어긋날 경우엔 합당한 이유를 가지고 서로 합의를 했었던 기억이 있을 것입니다. 맏이가 영 부실할 경우엔 경제적으로 풍부해도 집안에 근심이 항상 숨어 있습니다. 그런데 대한민국 맏형들이 지금 지적으로 부실합니다. 그래서 아우하고 똑같이 싸우고 있습니다.

한 집안의 형님이건 한 나라의 형님이건 지구촌의 형님이건 나이와 자리와 역할이 그냥 이유 없이 생긴 것이 아닙니다. 자연의 질서는 도도하게 흐르기 때문에 역행하는 방향으로 갈 수는 없습니다. 필자가 지천명의 의미도 드리고 나이별로 역할이 다르니 70세 이후엔 공직에서 나와 사회에서 진정한 봉사를 시작해야 한다고 드렸지만 그것이 얼마나 중요한 메시지인 줄을 모르고 있습니다.
미국 바이든이 나이가 많으니 그 정도로 나이 많은 나도 계속해서 정치인의 자리에서 국민의 고혈을 마셔도 된다고 생각한다면 이는 어리석은 착각입니다. 요즘 정치인으로 살다가 그만두면 이들은 아무도 알아주지 않는 건달이 되어 있다보니 아무래도 여기저기 불러주는 현직 정치인의 타이들이 필요하고 좋다고 생각하는 것입니다 다만 정치 졸업생들은 그동안 자신이 했던 말과 행동들을 돌아보면서 자신을 스스로 되돌아보는 시간을 가지는 것이 필요합니다.

진보 세력은 아직은 공부하는 과정에 있기에 국가적 문제를 다룰 때 거시적으로 보는 부문에서는 보수쪽보다는 부족합니다. 대신 각 분야에서 연구할 때에는 세심하게 구석구석 문제점들을 형님보다 잘 보는 특성을 가졌습니다. 그러니 두 역할자들은 서로 힘을 합하지 않으면 어찌되겠습니까?

2023.01.11./서경례/나이와 역할을 알아야

# Looking at the Daejang-dong Criminal Case(31/62)

There is a proverb that says 'there is no younger brother like a big brother'. This is the sound that comes out when the older brother's existence itself becomes a source of strength and helps those under him. In particular, in Korea, the older brother's role is considered important, so even when we got married, we did it in order. If the eldest son is in poor condition, even though he is economically prosperous, worries are always hidden in the family. But the older brothers in Korea are intellectually weak right now.

So they are fighting with their brother. Whether you are an elder brother in a family, a nation, or a global village, your age, position, and role do not just arise without reason. Because the natural order flows proudly, it cannot go backwards. I also gave the meaning of being 50 years old and said that roles are different for each age, so after 70, you should leave public office and start serving in society. But you don't know how important the message is.

This is the direction of the future, so we must go that way, and the world will follow it in the future. If you think that since Biden in the United States is old, I, who is that old, can continue to drink the people's taxes in the seat of a politician, it is a foolish mistake. If you quit after living as a politician, you become a knave that no one recognizes, so you need the titles of current politicians called here and there.

Older political graduates need to take time to look back on themselves by looking back at what they have said and done. Compared to the conservative Democratic Party, it is still in the process of studying, so it is lacking in the macroscopic sector when dealing with national issues. Instead, when researching in each field, they have the characteristics of meticulously seeing problems in every nook and cranny better than their older brother. So what if the two actors don't combine their strengths?

2023.01.11./Seo Gyeong-rye/You need to know your age and role

# 대장동 사건을 바라보며(32/62)

이렇게 국민의힘이 형님의 자리에 있는데
그래서 맨 꼭대기에서 대통령 자리도
차지했고 장관 자리도 차지했는데도
여전히 불평불만이 많은 우리의 형님 귀족
국회의원 상건달들이 하는 소리가
다음 총선에 이겨야 한답니다. 지금 민주당과
서로 힘을 합해서 미래를 열어가면
다음 총선에서는 국민이 알아서 적당한
숫자를 만들어 줄 것인데 계속 싸울 생각만
합니다.

뿐만 아니라 당 대표 자리를 서로 차지하려고
국민의힘 안에서도 서로 싸우느라 국가가 한
발짝을 못 나갑니다. 대표 자리를 욕심낼 것이
아니고 기자들이 따라다니니 마이크에다
미래비전을 얘기하거나 페북에다 지혜롭게
자신의 정책들을 소개하면 되잖아요.

다음 총선이 아니고 지금 잘하면 되는데
국민한테 무슨 다음을 어떻게 기대하라는 것
인지 기대하고 있었던 국민은 실망스럽고
착잡합니다.

여당 국회의원 숫자가 많아지면 그들이 더
잘할 수 있을 것처럼 생각하나 지금의 숫자도
잘할 수 있습니다. 민주당을 우리 가족으로
볼 수 있다면 말입니다.
집안에서 우리 아우나 자녀가 사고를 쳤을
경우엔 드러내기보다는 어떻게 해서든지
소리 없이 문제를 해결하려고 노력합니다.
만일 민주당을 우리 가족처럼 생각한다면
소리 없이 잘못된 부분을 교정할 수 있고
누구도 떨어지지 않고 함께 전진할 수 있는
방법이 있다면 그리하는 것이 시간을
절약하고 지혜롭습니다.

국회의원들의 한마디는 얼마나 비싼 말인지
아시는지요?
국민이 뉴스를 보려고 TV를 켭니다.
마이크가 국회의원들한테 갑니다. 그럼 짧은
한마디 한마디를 국민은 귀담아 듣습니다.
그 한마디를 듣기 위해서 국민이 지불하는
대가는 참으로 큽니다.

국회의원 회관이 여의도에 있습니다. 여의도 임대료와 땅값이 비싼 것 다들 아시지요. 국회의원 회관을 유지하기 위해서 어마어마한 인력이 급여를 받아가는데 그 국회 공무원들에게 급여를 주는 돈을 누가 일해서 버는 것인지요?

또한 민주당 당사나 국민의힘 당사의 유지비는 누가 돈을 벌어서 난방비 냉방비 인건비를 유지하는 것인지요?

한마디로 300명이 일하도록 만들기 위해서 그들에게 지금하는 것은 단지 급여만이 아니고 여의도와 국회의원 회관 등 그들이 일을 할 수 있도록 떠받치고 있는 엄청난 수의 국회공무원들의 인건비도 땅값도 지불하고 있는 것임을 아시는지요?

우리 지식인들은 이 모든 물자며 임대료 제네시스 차 유지비 기사보조비 직원보조비 공짜 특혜비 등등을 통계내서
그것을 300으로 나누고 그것을 다시 회기로 나누어서 그들이 1인당 소비하는 엄청난 국민의 고혈을 수치로 정확하게 드러내야 하겠습니다.

2023.01.13./서경례/1인당 소비하는 국민혈세

# Looking at the Daejang-dong Criminal Case(32/62)

In this way, conservative forces are in the position of the elder brother of the nation, so even though they have occupied the president's seat and the minister's seat at the top, they still do not come to their senses.
Our older brother, a member of the aristocratic
National Assembly, who still has a lot of complaints, has to win the next general election.
Now, if they join forces with the Democratic Party to open the future, in the next general election, the people will make an appropriate number on their own, but they still only think about fighting.
Not only that, but the country can't go one step because the Conservative Party is fighting each other to take the party's representative seat.
You shouldn't be greedy for the representative position, but reporters follow you, so you can talk about your future vision into the microphone or introduce your policies wisely on Facebook.
It's not the next general election, but you have to do well now, but you have no skills, no policies, and no future vision.
The people who were looking forward to what and how to expect the next thing from the people in the past are also disappointed in the Conservative Party.
They think they can do better with more members of the ruling party, but they can do well with the current number.
If you can see the Democratic Party as one family.

If their younger brother or child has an accident in the house, they try to solve the problem somehow silently rather than revealing it.
If we think of the Democratic Party as if it

were our family, it would save time and be wise if there was a way to silently correct mistakes and move forward together without anyone falling apart.
Do you know how expensive a word from members of the National Assembly is?
People turn on the TV to watch the news.
Mike goes to the congressmen.
Then, the people listen attentively to every short word.
The price the people pay to hear that one word is really high.

The National Assembly Members' Hall is located in Yeouido, Seoul.
You all know that rent and land prices in Yeouido, Korea are expensive.
In order to maintain the National Assembly Members' Hall, an enormous amount of manpower is being paid.
Who is earning the money to pay the salaries of the National Assembly officials?
Also, who makes the money to pay for the maintenance of the Democratic Party or the ruling party to maintain the heating, cooling, and labor costs?
In short, to get 300 people to work, it's not just salaries that pay them.
Do you know that they are paying for the land and labor costs of the huge number of National Assembly officials who are supporting them so that they can do their jobs, such as Yeouido and the National Assembly Members' Hall?
Our intellectuals must make the public aware of all these materials, rent, Genesis car maintenance, engineer subsidies, employee subsidies, and free special benefits.
Divide it by 300 and divide it again into sessions to accurately reveal in figures the enormous tax they consume per capita.

2023.01.13./Seo Gyeong-rye
/National blood tax consumed per capita

# 대장동 사건을 바라보며(33/62)

지금 여당 국회의원 숫자가 없다고 타박할
것이 아니고, 눈에 보이는 민주당 의원들을
잘살피면 앞으로 씽씽 나갈텐데
민주당 아우들은 외계인으로 보이는지 바보
처럼 보이는지 그들과는 화합할 생각을
못하고 그들을 탓합니다.

지난 5년 동안의 민주당 정권은 그야말로
내로남불이었다고 국회에서 성토는 한다면
이것처럼 무지한 처사는 없는 것입니다.
민주당이 그리 내로남불이었으니
우리 형님들한테 새롭게 잘 해보라고
기회가 넘어갈 수 있었던 것이니 민주당은
아주 잘했다고 칭찬을 해야지 그걸 탓하는
것은 지혜롭지 못합니다.

지난 5년 동안의 과거만 탓하고 민주당과
화합을 못하는데 누구와 화합을 할 수
있을 것인가?
그래서 이 막중한 시기에 유럽과 미국과
러시아와 우크라이나와 세계가 간절히
원하는 중재안도 내놓지 못합니다.

세계 경제가 엉망이 되어가는데도 그들의
급여는 막힘없이 나와서 그런지 넘 몰라요
절박한 국민의 삶을

필자가 지혜를 드리면 가까이에 있는 이들과
먼저 손을 잡아야 먼 곳의 사람들과 손을
잡을 수가 있습니다.

내 입맛에 맞는 이들을 찾을 것이 아니고
바로 옆에 있는 민주당의 고민을 함께 살피고
그들과 더불어서 문제를 풀 생각을
하지 못한다면 미래는 없어요.

민주당 국회의원들이 외계인이
아니고 짱구도 아니고
나쁜 사람들도 아니고 똑같은
배를 탄 형제간입니다.

2023.01.13./서경례/민주당을 아는가?

# Looking at the Daejang-dong Criminal Case(33/62)

Now, the ruling party is not going to complain that there are no members of the National Assembly, and if you take a good look at the younger members of the Democratic Party, you can go forward.

In the eyes of the Conservative Party, the Democratic Party looks like an alien or an idiot, and blames them for not thinking of reconciling with them.

If the National Assembly criticizes that the Democratic Party's regime over the past five years has been nothing short of ignorant, there is no such thing as an ignorant act.

Because the Democratic Party did so, the opportunity could pass to the conservative brothers to try again, so the Democratic Party should praise it for doing very well. It is not wise to blame it.

If the Conservatives cannot reconcile with the Democratic Party, blaming only the past for the past five years, who will they be able to reconcile with?

Even though the world economy is messing up, their salaries come out without a blockage, so they don't know too much about the desperate lives of the people.

If I give them wisdom, they must first hold hands with those near them before they can hold hands with those far away.

The ruling party is not going to find those who suit their taste, but they must first look at the concerns of the Democratic Party right next to them.

If you don't think about solving problems with them, there is no future.

Democratic lawmakers aren't aliens, they're not jerks, they're not bad people, they're brothers in the same boat.

Shall we take a look at whether they are lucky, static, or thieves?

2023.01.13./Seo Gyeong-rye/Do you know the Democratic Party?

# 대장동 사건을 바라보며(34/62)

지난 5년 동안 정권을 잡은 민주당은 미래비전이 없었고 생각 자체를 거시적으로 전환시키지 못했습니다.

대통령 자리도 차지했었고 각 부 장관도 차지 했었고 국회 의석도 170석이었으니 생각을 해보자구요.
실력이 있었고 생각을 바르게 했었더라면 무슨 일이라도 할 수가 있는 상태였던 것임을 민주당의 누구도 몰랐습니다.

통일도 하고 인류도 경영할 수 있었건만 그렇지 못했고 오히려 검찰개혁을 외치면서 공격을 합니다. 이 세상은 우리 자신만 개혁하면 저절로 평화롭게 될텐데 그것을 몰랐습니다.
모든 것을 차지했으나 아무것도 못하는 현상을 겪었음을 우리 친구님들은 교과서처럼 공부해야 하겠습니다.

상대를 살리고자 하는 것은 같이 살고 상승 하지만 상대방을 공격하는 것은 상대를 살리고자 하는 것이 아니므로
만일에 상대가 탓하지 않고 묵묵히 자신의 길을 가면서 공격을 받아낸다면 공격자가 나가 떨어지고 상대는 올라갑니다.
상대가 반응하면 같이 아래로 추락할 텐데 들어오는 공격을 흡수하면서 그것조차 겸허하게 약으로 쓰면 독이 영약으로 바뀌어지는 현상이 생깁니다.

그렇게 한번 공격하면 한쪽은 나가 떨어지고 한쪽은 올라가고 다시 또 이얏 공격하면서 왼팔 오른팔을 자르면 또다시 껑충 인기가 올라가고
어!
어느새 시간이 지나니 저것이 내 자리를 차지 하고 말았네.

그렇습니다.
민주당은 지금의 대통령을 잘 만들어 주었고 여기까지 오는 동안 그 중간 역할을 해 주었고 그것을 감당하느라 고생을 했습니다.

그런 과정에서 필연적으로 파생되는 이런저런 갈등과 부족한 점을 생산하는 것은 당연했던 것이고 더 훌륭하게 성장하는 과정에 있었던 아우였던 것입니다.
지금의 국민의힘이 잘나서 여당이 된 것이 아니고 상대적으로 민주당이 더 부족했기에 즉 0.73%의 차이를 극복할 수 없을 정도로 부족했었기에 지금 결과가 만들어진 것이니 어떤 방향에서 해석해도 지금의 국민의힘은 민주당을 고맙게 생각해야 합니다.

국민의힘도 민주당도 미래비전이 없는 것을 지금은 국민도 다들 눈치를 채기 시작했습니다. 현실이 이러하니 민주당을 탓할 것이 아니고 지금까지의 결과를 받아서 미래를 함께 설계해야만 하는 것입니다.

2023.01.16./서경례/모든 것을 차지하고도

# Looking at the Daejang-dong Criminal Case (34/62)

The Democratic Party, which has been in power for the past five years, has had no future vision and has not been able to macroscopically transform its thinking. The president's seat was also occupied, each minister was occupied, and the National Assembly had 170 seats, so let's think about it.

The Democratic Party did not know that if they had the skills and had the right thoughts, they would have been able to do anything.

It was possible to unify and manage mankind, but it was not, and rather, it attacks while shouting for prosecution reform.

This world will become peaceful by itself if we only reform ourselves.

Our friends should study the phenomenon of taking everything but not being able to do anything like a textbook.

Trying to save the opponent lives together and rises, but attacking the opponent falls together with the opponent.

If the opponent does not blame and silently goes his way and receives the attack, the attacker goes out and the opponent goes up.

Like that, the more you attack, the more popular your opponent becomes, and as time goes by, you eventually lose your spot to your opponent.

The Democratic Party has made the current president well and has played an intermediate role while coming this far.
It was only natural to inevitably produce shortcomings in such a process.

The current result was created because the conservatives did not become the ruling party because they were good, but because the Democratic Party was relatively lacking, that is, it was insufficient to overcome the 0.73% difference.

No matter which way you interpret it, the current ruling party should appreciate the Democratic Party.

Neither the ruling party nor the Democratic Party have a vision for the future, and now the people are starting to notice.
Since this is the reality, we should not blame the Democratic Party, but rather receive the results so far and design the future together.

2023.01.16./Seo Gyeong-rye/Even if you take everything

# 대장동 사건을 바라보며(35/62)

사람이 거짓말을 해도 이유가 있는 것이니 거짓말로 상대를 끌어내리고자 한다면 이러한 근본 이유는 싫어하는 것이고 싫어하는 이유는 상대방이 나를 위해서 살지 않기 때문입니다. 즉 나를 위해 살아달라는 표현도 됩니다. 윗사람은 무조건 아랫사람을 위해서 살아야 하는 법칙이 있습니다. 나이가 어리더라도 사회적인 역할이 윗자리이면 윗사람인 것이지요.
거짓말을 해도 손해가 생긴 쪽은 진실로 말하면 사실이 아닌 것을 말한 화자입니다. 상대적으로 인기가 많아져서 인지도가 올라갔는데 손배청구를 하는 것은 타당하지 않고 그런 말의 이면을 살펴보는 것이 지혜롭습니다.

민주당은 상대적으로 받아야 하는 입장인데 받을 것이 없으니 난리를 치는 것을 형님들이 본인들 계산하느라 전혀 모릅니다.
지금의 혼란과 정치적인 결과물을 민주당이 혼자서 만들었다고 볼 수는 없습니다.
사람의 말과 글과 행동과 생산물은 그 사람이 가진 생각의 수준을 초과할 수가 없습니다.
정치적 결과물도 정치를 하는 당사자의 질이 고스란히 반영이 됩니다. 정확하게 말하면 정치가 뭔지를 알지 못하고 '정치'라는 단어가 먼저 나왔던 것입니다. 내가 국회의원이 되고 대통령이 되면 다들 성공했다고 알고 있습니다. 성공은 상대방을 성장시키고 살려서 상대가 잘살아 기뻐서 상대로부터 존경을 받고 인생을 마칠 때에 비로소 성공하는 것입니다.

다시 말하면 정치 활동에서 정치적인 수요자인 국민이 잘살아야 하고 삶의 근본을 찾아야 하니 국민으로부터 인정받지 못하는 한 성공은 요원한 것입니다.
그러니 우리들은 모두 정치와 성공이라는 단어의 근본부터 잘못 알았었고 그런 생각은 오류를 생산하는 것이 자연의 이치입니다.
지금의 모든 갈등과 모순의 책임을 하나도 빠짐없이 따지는 것을 공정이라고 본다면 우리 국민이 대장동 사건이나 50억 클럽이라는 하자 있는 결과물을 생산하는 사람들을 선택했으니 무식한 국민이 첫 번째 잘못이고 따지고 보면 국민부터 전부 감방으로 보내야 한다는 논리가 됩니다.

2023.01.17./서경례/정치적인 결과물의 근원

# Looking at the Daejang-dong Criminal Case(35/62)

Even if people lie, there is a reason. If you want to bring someone down with lies, the root reason for this is that they hate you, and the reason they hate you is that you don't live for them. There is a rule that superiors must live for the sake of inferiors. Even if you are young, if your social role is at the top, you are a senior person. The younger ones are relatively in a position to receive, but the older brothers have no idea that they are making a fuss because there is nothing to receive. Because he is lacking, he is a younger brother, and the elder brother in the past was equally poor enough for those lacking people to seize power. Therefore, it cannot be said that the current confusion and political outcomes were created by the Democratic Party alone. A person's words, writings, actions, and products cannot exceed the mass of his thoughts. Political results are also reflected in the quality of the party who does politics. To be precise, the word 'politics' came out first without knowing what politics was. We knew that when I became a member of the National Assembly, became the mayor of Seongnam, performed well and became the president, everyone succeeded. A person succeeds only when he grows up and lives a human being, a social being, and receives praise from him. In other words, in political activities, the people, who are political consumers, must live well and find the root of life, so success is far away as long as it is not recognized by the people. So we all got it wrong from the root of the word politics and success, and it's natural that such thoughts produce errors. If it is fair to punish all the responsibilities of all current conflicts and contradictions, it becomes the logic that since our people chose those who produce flawed political results, the ignorant people are the first fault and should be sent to prison.

2023.01.17./Seo Gyeong-rye/The source of political outcomes

# 대장동 사건을 바라보며(36/62)

50억 사건이든 주가 조작을 했다는 말이든 법인카드 유용사건이든 직무유기죄를 범한 것이든 아니면 옷값을 많이 썼다고 난리치든 그러한 모든 것들의 이면에는 공통되는 원리가 있습니다.

법인카드를 썼는데도 그것이 나 자신을 위해서 썼고 상대를 위하고 국민을 위해서 쓰지는 않았기에 그것을 따지는 것이지 만일에 국민을 위해서 필요한 일을 하는데에 법인카드를 썼을 때에는 절차상 하자가 있다 해도 국민은 절대로 따지지 않습니다.

모든 수익을 국민을 위한 생산을 위해서 차지한 것이 아니고 개인적인 사적인 욕심을 채우려고 했기에 드러나고 고통받는 것입니다.

대장동 사건의 수익금이든 6년 일하고 50억을 받은 것이든 결국은 공익을 위한 것이 아니고 사적인 욕심을 채우려고 했기 때문에 혜택을 받아야 하는 국민의 불만이 표출되는 것이니 우리는 모든 사건의 본질을 꿰뚫어 보는 지혜를 배워야만 하겠습니다.

법적인 또는 절차적인 하자를 거론하는 것은 어디까지나 방편입니다.
정치인들은 경제인이 아니기 때문에 정치하는 기간 동안 재산축적이 없어야만 정상입니다. 그러나 그러나 지금은 월급쟁이 직업인들입니다.

당대표 선출이든 다음 총선에 지지하고 투표할 사람을 선택하든 지금부터는 그들의 입에서 나오는 소리를 잘 들어보고 그들의 메시지를 검토하는 시간이 필요합니다.

양당의 원로 국회의원을 분별할 때에는 그들의 정치적 결과물이 있어야만 하는데 지금의 싸움판이 지난 시절 국회의원들의 시험 성적이고 결과물입니다.

2023.01.19./서경례/국민이 먼저 깨어나야

# Looking at the Daejang-dong Criminal Case(36/62)

Whether it is the Daejangdong criminal case or the corporate card case, there is a common principle behind all of them.
The fundamental principle is that economic power was used for individuals and not for the people, so the people are arguing about it.
If they use a corporate card to do what is necessary for the people, even if there is a procedural defect, the people will never question it.
Whether it is the proceeds from the Daejang-dong incident or the 5 billion received after working for 6 years, in the end, it is not for the public interest, but because it was intended to satisfy private greed, the dissatisfaction of the people who should benefit is expressed.
We must learn the wisdom to penetrate the essence of all events.
It is expedient to discuss legal or procedural flaws.
Politicians are not businessmen, so it is normal if there is no accumulation of wealth during the period of politics.
As you choose who to vote for in the next general election, take the time to listen and review their messages from now on.

2023.01.19./Seo Gyeong-rye/People must wake up first

# 대장동 사건을 바라보며(37/62)

사람은 자기가 가진 지적인 수준을 초과할 수 있는 말과 생각과 행동을 할 수 없음이고 그런 자연의 법칙을 방정식처럼 대입한다면 지금의 정치적인 선출도 국민의 질적인 수준이 그대로 반영된 것입니다. 그리 선출된 사람들은 자신이 가진 지적 수준이 그대로 반영된 결과를 창출하는 것이고 이것이 우리 모두 부정할 수 없는 결과물입니다.
따라서 정치적인 결과물이 선출 당시부터 이미 정해질 수밖에 없었음을 인정한다면 지금의 정치인을 선출한 국민도 정치적인 결과물에 있어 대장동 일당들과 공범이 되는 원리가 있으므로 결코 그들 만의 잘못이 아니고 방치한 국민의 잘못이 함께 사건을 키우고 있었음도 우리가 인정해야 하겠습니다.
과거의 무지와 모순과 욕망의 실체들을 모두 보고 함께 반성하라고 보여지는 것이지요.
우리들의 허영심을 돌아보면 그들과 똑같습니다. 단지 그들은 그런 허영심이 표출될 수 있었던 상황이고 우리는 기회가 그들처럼 주어지지 않았기에 무탈한 것이지요.
지난 시절의 상식과 생각으로 말하고 일을 한다면 누구나 욕망의 덫에 걸리니 생각을 바꾸라는 자연의 법칙을 보여주는 것이고 자살하고 구속된 그들은 희생양이 됩니다.

그렇다면 국정을 책임지고 있는 국민의힘은 도대체 어떻게 이문제를 풀어야만 좋을까? 이 문제는 형님격인 국민의힘이 통큰 결단을 해야만 합니다. 그것이 피라미드의 윗쪽에 자리잡아 아래를 위해 살아야 하는 자연의 법칙에 부합된 것이니 또한 국민을 위한 것이기도 합니다. 민주당이 집권을 했던 2021년까지라면 민주당이 양보를 해서 화합을 이루어야 하지만 지금은 국민의힘이 윗자리이니 화합은 민주당의 고민을 살펴보는 것이 순서가 됩니다.
민주당이 요즘은 방탄민주당으로 바뀌고 있잖아요? 왜 그럴까?

또 사람의 본성이란 것이 이유도 없이 자기 일이 아닌 타인의 중대한 사건에 간섭을 하지는 않습니다.

2023.01.20./서경례/인간이 움직이는 원리

# Looking at the Daejang-dong Criminal Case(37/62)

A person cannot say, think, or do anything that can exceed his level of intellect.
If such a law of nature is substituted like an equation, the current political elections also reflect the quality of the people.
Elected people create results that reflect their intellectual level as they are, and this is an undeniable result for all of us.
Therefore, if we admit that the political outcome had to be decided already from the time of election, the people who elected them are also accomplices with the Daejang-dong gang. We must admit that it was never their own fault, but the fault of the people who neglected it together.
Looking back at our vanity, we are just like them. It's just that they're in a situation where that vanity could have been expressed, and we just weren't given the opportunity like they were. Then, how should the ruling party, which is in charge of state affairs, solve this problem?
On this issue, the ruling party, which is the older brother, must make a decisive decision. It sits at the top of the pyramid and conforms to the laws of nature to live for the people below, so it is also for the people. Until 2021, when the Democratic Party came to power, the Democratic Party should make concessions and achieve harmony, but now the Conservative Party is at the top, so it is in order for harmony to look at the concerns of the Democratic Party.
It is not the nature of man to interfere without reason in the important affairs of others that are not his own.

2023.01.20./Seo Gyeong-rye/The principle of human movement

# 대장동 사건을 바라보며(38/62)

지난 정권의 부조리를 파헤치기 시작하면 어찌될까요? 그 동안 민주당에서 소외되어 권력의 단맛을 못본 사람들을 제외한 모두가 다들 어려운 상황에 놓이게 됩니다.

민주당의 고민은 여기에 있으니 화합을 하고자 하면 이것부터 풀어야만 그들과 하나가 됩니다.

이것을 뻔히 아는 형님격인 국민의힘은 지난 날을 들추기보다는 가능한 한 축소시키는 지혜가 필요합니다.

현실이 그러하니 그것을 탓할 것이 아니고 지금까지 같이 대한민국을 함께 성장시킨 그들을 위해서 다시 한번 3년 동안만 사건의 시효를 정지시키는 특별법을 제정하고 기소정지를 하자고 하면 민주당은 할 것입니다.

검사는 사건을 수사하기 위해서 지금까지 공부했으니 수사는 소리 없이 하되 모든 사건의 기소를 3년간만 늦추는 것이지요.

사건에 대한 조사라도 미래의 바람직한 방향을 새롭게 잡기 위해서 하는 것이지 사람을 처벌하기 위한 목적이 아님을 분명히 잡고 가야겠습니다.

그리고 3년 동안은 여당과 야당이 서로 협력하는 모습을 보이고 통일도 하고 중재안을 내어서 우크라이나 사태도 평화롭게 해결하는 새로운 정치를 상상해 보십시오. 진정한 정치인들이 비로소 출몰하기 시작하는 것이라서 인류평화의 시작이고 대통령도 노벨평화상을 받을 것입니다.

젤렌스키가 얼마나 고통스러운지 중국의 시진핑을 찾아서 중재안을 부탁하고 있습니다.
이렇게 지구촌의 한쪽이 죽어 나가는데 한국의 형님이 아우를 감방으로 보내려고만 한다는 것은 어떤 이유로든지 타당하지 않습니다.
지금은 죽어가는 사람들을 살리는 것이 가장 급한 것입니다.

형님격인 국민의힘은 함께 손을 맞잡고
문제를 함께 해결하면서 민주당의 화합을
이끌어내야 합니다. 그리고

민주당의 사법적인 리스크를 기소 없이 해결
하는 데에 보수 세력들을 포함한 국민의
공감대를 함께 이끌어 내어 처리해야 무리가
없습니다.
인류 역사에 남는 정치적인 성과물로 지난
날의 부족함을 상쇄시키면(무조건 덮는 것이
아닌 상쇄의 의미를 잘 되새겨야 이해됨)

한국의 경제력이 껑충뛰고 국민의 빚은 모두
탕감되고 잘 살기 시작하면 분노하던
국민들도 역사에 빛나는 정치적인 결과물과
경제적인 풍요로움 앞에서 너그러워집니다.

2023.01.20./서경례/대통합 특별법을 시도해야

# Looking at the Daejang-dong Criminal Case(38/62)

What would happen if we started digging into the absurdity of the last regime? The Democratic Party's concerns are here, so if you want to reconcile, you have to solve this first.
We become one.
The ruling party needs wisdom to reduce the past as much as possible rather than highlighting it.
For those who have grown the Republic of Korea together so far, if we enact a special law to suspend the statute of limitations for only three years and suspend prosecution, the Democratic Party will do it.
Prosecutor's investigation is silent, but the prosecution of all cases is only delayed for 3 years.
Even the investigation of the incident is done to set a new desirable direction for the future.
I need to make it clear that it is not the purpose of punishing people.

Can you imagine a new politics in which the ruling and opposition parties show cooperation, unification, and mediation for three years to resolve the Ukrainian crisis peacefully?
It is the beginning of human peace, and the president will also receive the Nobel Peace Prize.
Zelensky is having a hard time finding Xi Jinping in China and asking for mediation. The most urgent thing now is to save the dying.

The ruling party, which is the older brother, joins hands together to solve problems together and promotes the unity of the Democratic Party.
have to bring it out.
And it is not unreasonable to bring out the consensus of the people, including conservatives, to resolve the Democratic Party's judicial risks without prosecution.

We must compensate for the shortcomings of the past with political achievements that remain in human history.
(To understand the meaning of offsetting,
not unconditionally covering)
In this way, Korea's economic power will skyrocket and all debts of the people will be eliminated. In addition, the people who were angry become tolerant in the face of political results and economic prosperity that shine in history.

2023.01.20./Seo Gyeong-rye
/We must try the Grand Integration Special Act

# 물리학인지 철학인지?

우주에 대한 나의 관심은,
나의 존재론적인 의문에서 시작한다.
천문학자들, 물리학자들에 따르면
내 몸은 태초에 만들어진 우주 먼지로
구성되어 있다고 한다.

그렇다면 그 우주먼지는 어떤 것이고,
어떻게 만들어졌는지,
우주의 구조는 어떤지?
태초의 순간이란 어땠는지가 궁금했다.
(진실로 말하면 모든 과학자들 다 궁금함)

많은 과학자들이 위와 같이 말을 합니다.
우주 먼지로 우리 몸이 구성되어 있다고!
맞는 말이기도 합니다만 그것은
육체만을 놓고 보아야 맞습니다.

그 물질 속에 들어가 앉은 물질이
아닌 존재 하나를 놓치고 있어요.
그것을 찾지 않는 한 의문점은 남습니다.

2021.08.05./서경례/우리몸에 반드시 있는 본체

**임길명**   읽을수록 더 궁금해지는 것은 나만 그런가?

**청하**   육신은 먼지로 만들어졌다고 합시다.
그 속에 들어 있는 영혼의 존재는 어떻게 설명해야 하는지요.

# Is it physics or philosophy?

My interest in the universe begins
with my ontological questions.
According to physicists,
my body is made up of cosmic
dust created in the beginning.

If so, I wonder what the cosmic
dust is, how it was made, and what
the structure of the universe is like.
I was curious about what the
beginning of the moment was like.
(To be honest, all scientists are curious)

Many scientists say the above.
It is also true that our body is
composed of space dust, but
it is correct to look only at the
physical body.

We are missing a non-material
being sitting in the material.
Until we find it, our doubts remain.

2021.08.05./Seo Gyeong-rye
/The essential thing that must be in our body.

**Lim Gil-myung**    Am I the only one who becomes more curious the more I read?
**Chungha**    Let's say that the body is made of dust.
How can we explain the existence of the soul in it?

# 대장동 사건을 바라보며(39/62)

### 죄를 지은 자에 대하여

여기에 죄를 짓지 않고 깨끗한 자가 있으면 말씀해 보시지요? 친구님들도 필자도 국회의원들도 똑같이 과거의 삶이라는 것이 독야청청 깨끗하다고, 그래서 어떤 잘못도 하지 않았다고 누가 감히 말할 수 있습니까?
우리는 어느 부분에서는 일정부분 모두 죄인이 됩니다. 깨끗한 사람이 없어서 여기에 우리 자신을 맑게 하려고 지금까지 살고 있습니다.

당파싸움은 국민의 고혈을 마시면서 욕심을 부리고 있는 것인데 국민의힘이 권력을 잡았으니 형님격이라서 죄의 양은 그쪽이 더 무겁습니다. 사법체계는 필요하니 미래는 새로운 차원으로 범죄인의 교화에 신경을 쓰고 지적인 내용이 달라져야 하겠습니다.

지금처럼 계속 간다면 노동자는 노동자대로 질 낮은 노예처럼 돈만 밝히고 국회의원들은 그들대로 자기들 욕심만 부리고, 노동자들은 사회를 전복시키고 대한민국은 공멸하게 됩니다.

아! 국민이여!
죄수들은 넘쳐나고 서울시 송파구에 그 비싼 땅에 죄수들 강제수용하는 구치소도 만들었고 불행한 사건사고 끊이지 않고 국민은 불평불만에 남탓으로 얼마나 많이 물들었는지 보십시오.
TV에 나온 패널들도 어쩜 그렇게 한결같이 민주당 지지자들은 그들만 옹호하고 우익성향은 또 그들만 옹호하느라 앵무새가 따로 없습니다. 국민인 주인이 무지하면 사회가 엉망이 되어 가는 것입니다. 그러니 우리부터 냉철하고도 부드럽고 지혜롭게 변해 가자구요.

어제 드린 내용 중에서 기소정지가 될지 기소중지가 될지는 다시 연구가 필요하지만 민주당이 그들 자신을 면죄하려고 꼼수를 부리면 항상 역풍을 맞습니다. 자연의 법칙이 그러하니 상대방인 국민의힘이 민주당을 위해서 제안을 해야 무리없이 뜻한대로 이루어집니다.

국민의힘은 과연 손실이 있을까요?

2023.01.21./서경례/항상 상대방이 제안을 해야

# Looking at the Daejang-dong Criminal Case(39/62)

Regarding those who have sinned, is there anyone here who has not sinned and is clean?
My friends, I, and members of the National Assembly are equally guilty.
Partisan fights are greedy while drinking the blood of the people, but the ruling party is the older brother, so the amount of guilt is heavier.
If things continue as they are now, workers will only earn money like low-quality slaves.
It is revealed that the members of the National Assembly re only greedy and overthrow the society to occupy themselves and the Republic of Korea will be destroyed.

Citizens!
Prisoners are overflowing, and we also built a detention center where prisoners are forcibly confined to that expensive land in Seoul.

Also, look at how many unfortunate incidents and accidents have ceased and the people have been stained with complaints and dissatisfaction by others.
If the owner, the people, is ignorant, the society is going into a mess.
So, let's start by becoming cool-headed, gentle, and wise.

Among the information I gave yesterday, it is necessary to study again whether the indictment will be suspended or not, but when the Democratic Party tries to exonerate itself, it always faces a backlash. This is the law of nature, so the opponent, the Conservative Party, must make a proposal for the Democratic Party, so it will be done as intended without difficulty.
Will the ruling party really suffer?

2023.01.21./Seo Gyeong-rye
/The other party should always make an offer

# 대장동 사건을 바라보며(40/62)

필자가 국민의힘을 위해서 지혜를 드리는 시간인데 손실이 나는 제안을 드리겠습니까? 국민의힘은 손실이 하나도 없는 정도가 아니고 영롱하게 빛나고 민주당으로부터도 존경을 받습니다.

새로운 특별법은 이름이 대통합 특별법이고 사상 초유의 처음이자 마지막인 한시법이 됩니다.
사건의 형사시효가 정지되는 것이니 시간이 3년 지났다고 해서 달라지는 것은 없습니다. 또한 검찰은 조사를 할 수 있고 그들한테 불리한 것도 없고 재산도 압류가 가능합니다.

3년 동안 화합하고 서로 노력하지 않는다면 우리의 검사님들은 똑똑하시니 분별을 할것이고 그들의 기소권을 사용할 것입니다.

단지 기소하는 시점을 3년 후로 미루고 그 동안 화합해서 훌륭한 정치적인 결과물을 생산해서 감방에서 사람을 가두어서 축적된 에너지를 사장시키는 시간 대신 그런 엄청난 에너지를 사회를 위해서 다시 쓸수있는 기회를 만들어 가는 겁니다.

당파싸움은 국민만 멍이 드는 것이고 지금은 형님인(형과 아우는 고정된 개념이 아니고, 권력을 잡을 쪽이 형의 자세로 변해야 하는 것) 국민의힘이 먼저 손을 내밀어야 당연한 순리가 됩니다. 화합은 상대를 위한 조건에 먼저 화답해야 화합이니 나의 조건을 내세우는 것은 화합이 아닙니다.

피라미드의 위쪽에서 아래를 바라보니 맨아래의 국민이 바로 보이는 것이 아니고 야당으로 밀려나 아우격이 된 민주당이 바로 밑에 떡하니 있잖아요.
그것을 해결하지 못하는데 어떻게 국민 쪽으로 에너지가 내려가냐구요?

에너지가 흐르는 것도 순서가 있어서 맨 윗쪽은 중간으로 중간은 다시 아래로 순서대로 흐르는 법칙이 있습니다.

2023.01.21./서경례/사람의 에너지를 알아야

# Looking at the Daejang-dong Criminal Case(40/62)

It's time for me to offer wisdom for the ruling party, would you like me to make a lossy proposal?
The ruling party is not without any losses, it shines brilliantly and is respected by the Democratic Party.
The new special law is named the Grand Integrated Special Law, and it becomes the first and last time-limited law in history. Since the criminal statute of limitations for the case is suspended, nothing will change even if three years have passed.
Prosecutors can also conduct investigations and seize property.
If the ruling and opposition parties do not work together for three years, our prosecutors will use their right to prosecute. If the point of prosecution is postponed until three years later and a good political result is produced during that time, the public will cheer without prosecution.

Harmony is harmony when you first respond to the conditions for the other person, so putting forward your own conditions is not harmony.
If you look down from the top of the pyramid, you don't see the people at the bottom right away, you see the Democratic Party first and you see the people below it. The flow of energy is also in order, so there is a law that flows in order from the top to the middle and from the middle to the bottom.

2023.01.21./Seo Gyeong-rye
/You need to know the energy of people

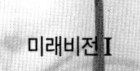

## 대장동 사건을 바라보며(41/62)

대장동 사건 뿐만이 아니고 모든 사건들은 뉴스 보도를 통해서 현재 대한민국을 책임지고 있는 국회의원들의 상태를 적나라하게 보여주고 있으니 뼈를 깎는 심정으로 정치적 효과의 수요자인 국민이 먼저 정신을 차리지 않으면 생산적인 결과물도 없이 국민은 1,000조 빚더미에 앉게 하고 정치인들의 욕심만 채우면서 시간만 보내는 일은 고쳐지지 않습니다.

요즘엔 국민의 혈세로 질이 낮은 내용을 알리고자 길거리에 플랭카드를 서로 경쟁적으로 달고 있습니다. 그러니 국민의힘이 먼저 바르게 시작하는 모습을 보여야 합니다.

야합이 아니고 화합을 하면서 상대방의 불명예까지도 해결하면서 아까운 시간을 낭비하지 말고 미래로 전진하라고 제안 드립니다.

할 일은 많고 미래는 우리 모두 한 단계식 상승해야 하는데 상승이란 것은 혼자서는 아니 되고 함께 갈 때만 가능합니다.

진실로 말하면 대장동 사건은 누구 한 사람이 만든 것이 아니고 우리는 모두 무지해서 지금까지 벌어진 모든 사건의 공범자들입니다.

2023.01.22./서경례/미래는 상승해야 하는데

# Looking at the Daejang-dong Criminal Case(41/62)

The Daejang-dong Incident clearly shows the condition of the members of the National Assembly who are currently in charge of the Republic of Korea.
Since this is truly so, unless the people, who are political consumers, come to their senses first with a heartbreaking heart, the people will sit in a pile of debt of 1,000 trillion won without productive results,
and the greed of politicians will not be fixed.

These days, placards are competitively put up on the streets to let people know that the quality is low without content with the people's blood tax.
So, the conservatives must first show us how to start right.

I suggest that you do not waste precious time and move forward into the future while resolving the disgrace of the other party through harmony rather than a black agreement.

There is a lot to do, and the future requires all of us to rise one step at a time, but ascension is not possible alone, but only when we all go together.
To tell the truth, the Daejang-dong criminal case was not made by one person, it was caused by the people's ignorance, and we are all accomplices in the case.

2023.01.22./Seo Kyung-rye/The future must rise

# 대장동 사건을 바라보며(42/62)

혹자는
현재 여당과 야당이 화합한다면 서로
견제하는 기능이 없어져서 더욱 큰 도적질을
할 것이니 모든 것을 법대로 명명백백하게
밝혀야 하고 국민의 고혈을 환수하고 죄를
지은 놈들은 전부 다 감방으로 보내야 한다고
생각할 수도 있겠습니다만 그러한 생각엔
나는 옳고 잘했다는 착각을 하고 있기에
필연적인 모순을 많이 잉태하고 있습니다.

화합한다는 것은 상대방 입장을 먼저 살피는
것이 선행되어야 합니다. 화합을 얘기하면서
나의 기준을 먼저 내세운다면 이는

화합이 될 수가 없습니다. 따라서 상대방의
입장을 먼저 살피는 것이 화합하는 순서가
됩니다.

지금까지는 정치를 했다기보다는 당파의
이익을 위하고 나의 이익을 위해서 싸움을
하면서 서로를 감시하면서 여기까지
성장했습니다.
우리는 아직은 대화라든가 화합이란 것을
현실에서 실현해 보지는 못했습니다.

미래의 정치문화는 바른 대화부터 시작해야
야당이 여당을 견제할 수가 있습니다.

우리가 입장을 바꿔서 생각해 보자고요.
여러분이 검찰의 수사를 받는 상황이 되거나
또는 시시각각 다음엔 내가 조사받을
차례라서 심리적 압박을 받는 상황이 된다면
여러분의 일상이 평화롭게 지속될 수 있으며
또한 사람이 자기의 역량을 제대로 발휘할
수가 있을 것인지!
피고인이 될 것이 눈앞에 다가오면 어떤 일도
손에 잡히지 않고 오로지 그것을 모면하기
위해서 사람은 반응할 수밖에 없습니다.

지금 민주당은 여당을 바르게 견제하는
야당의 역할을 할 수가 없어요.
사법적인 리스크를 해결하지 못하는 한
그것에 많은 시간을 소비할 수 밖에 없어요.

내 코가 석 자인데 지금 내 문제 때문에
살아도 지옥 같은 상황에서 국민을 위해서
일을 할 수 있을까요?

현실적으로 말이 되지 않습니다.
결국 모든 손실은 국민의 몫으로 다가옵니다.
여당은 또 야당 잡느라 그들이 가진 모든
에너지를 소비하고 국민을 위해서 쓰지를
못합니다.

집안에서 우리 아들이 또는 내 형제가 횡령과
배임 등을 했다면 우리는 그것을 가능한 한
소리없이 처리하고 바르게 교정하고자 합니다
나의 명예와 이익이 함께 하기 때문입니다.
그런데 지금 우리 국민의힘은 생각이
작다보니 상대방을 거시적으로 크게 보지
못하고 개별적인 정적으로 봅니다.

2023.01.23./서경례/생각을 확장시켜야

# Looking at the Daejang-dong Criminal Case(42/62)

Some say that if the current ruling party and the opposition party are in harmony, there will be no function to check each other and they will commit greater theft, so everything must be clearly revealed.

You may think that the blood of the people should be redeemed and all the criminals should be sent to prison, but there are many inevitable contradictions in such a thought.

Reconciliation should be preceded by examining the other party's position first. If you want to secure your standards first while talking about harmony, this cannot be harmony.

So far, people have grown up to this point not by doing politics, but by monitoring each other for their own interests.
We have yet to realize dialogue or reconciliation in reality.
The political culture of the future should start with the right dialogue so that the opposition party can keep the ruling party in check.

Let's change our position and think about it. If you are in a situation where you are being investigated by the prosecution, or if it is your turn to be investigated next time and you are in a situation where you are under psychological pressure, will you be able to properly demonstrate your capabilities? When the person to be accused approaches, nothing is out of hand, and people have no choice but to react in order to avoid it.

Right now, the Democratic Party can't even talk to the ruling party, and it can't play the role of the opposition party to keep it in check. Even if they live for their own problems now, can they work for the people in a hellish situation?
Realistically it doesn't make sense.

In the end, all losses come to the people's share.
The ruling party is also consuming all the energy they have to catch the opposition party and can't use it for the people.
If my brother has committed embezzlement or breach of trust in the family, we want to deal with it as silently as possible and correct it. Because my honor and profit go hand in hand.

But now our conservative brother has a small mindset, so he doesn't see the other person macroscopically, but sees them individually and statically.

2023.01.23./Seo Gyeong-rye/You have to expand your thoughts

# 대장동 사건을 바라보며(43/62)

## 법대로 한다는 말

참으로 중요한 말입니다.
법대로 해야 하고 우리는 법의 테두리를
벗어나지 못합니다. 그런데

여러분들이 얘기하는 현행법은 완전한
법이 아니고 구멍이 숭숭 뚫린 임시방편의
한시법입니다. 간통죄가 있다가 없어지듯
진리가 아니라서 언제든지 바뀔 수 있는
미완성의 것입니다.

대통령 임기가 5년으로 헌법에 명시된
것이라고 하나 다수의 국민이 싫어하면
아무리 높은 자리의 대통령도 임기를
못 채우고 내려와야 합니다.
그것을 자연법이라고 합니다.
그러니 자연법이라는 것이 임기 5년의
기간을 정한 헌법을 능가하는 것이지요.

민주당이 과거의 부조리와 부족함이 컸다고
해도 그것을 능가하는 정치적인 결과물로
국민이 인정하고 너그럽게 화합을
보내주면 기소할 수 없는 것이 또한
자연의 법칙입니다.

정치적인 결과물을 어찌 만들어갈지는
국민인 필자도 도울 수가 있으니 그렇게
할 수만 있다면 그래서 이 소모적인 당파
싸움을 끝낼 수만 있다면 우리는 그것을
선택해야 하는 것이 본분입니다.

다음 총선에 이겨서 힘으로 모든 것을 밀어
붙이겠다는 생각은 너무나 얄팍한 질이
낮은 생각이라서 뜻대로 되지 않습니다.
지금은 힘의 시대가 끝났습니다.
형님인 국민의힘이 아우와 함께 미래를
도모하지 않으면 어떤 것도 성공하지
못 합니다.

민주당은 가장 많은 의석을 가진 지금이 역설적으로 최대의 위기를 맞고 있습니다. 그러니 국민의힘은 최고의 은총을 베풀 수 있는 기회를 가진 것이지요. 얼마나 좋은 기회인지 모릅니다.

지금 유럽은 2차대전 이후로 최고의 긴장 상태에 있습니다. 우크라이나 사태로 각국의 군비 확장이 살벌합니다. 지구촌 위기입니다.

위기는 곧 기회이니 그 위기를 대한민국이 인류 역사의 주인공으로 등장할 수 있는 절호의 기회인데 그 위기를 함께 풀어 가고자 하면 민주당의 협조가 필수적입니다.

민주당이 최대 위기일 때 구세주로 나서 주고 미국과 나토와 러시아와 우크라이나가 최대 위기일 때에 중재안을 가지고 구세주가 된다면 나라 안팎으로 영웅이 될 터인데 국민의힘은 바보인가! 멍청이인가!

2023.01.23./서경례/ 구세주가 될 수 있는데

# Looking at the Daejang-dong Criminal Case(43/62)

to do according to the law What an important word.
We must obey the law and we cannot escape the bounds of the law.
However, the current law you are talking about is not a perfect law, but a temporary law with holes. Just as adultery comes and goes, it is incomplete and can change at any time because it is not the truth.
The term of office of the president is 5 years, which is specified in the Constitution, but if the majority of the people do not like it, even the highest-ranking president must come down without completing his term. It is called natural law.

So the natural law goes beyond the constitution, which sets the term of office for five years. Even if the Democratic Party lacked a lot, it was a political result that surpassed it. If the people acknowledge and generously send harmony,

it is also impossible to prosecute.
It's a law of nature. I can help with how to shape the political outcome.
It is our duty to choose it if we can do it, if only we can put an end to this exhausting partisan fight. The idea of pushing everything by force by winning the next general election is such a shallow and low-quality idea that it doesn't work as intended. The age of power is now over. Nothing will succeed unless the elder brother plans a future with the younger brother.

The Democratic Party is paradoxically facing its greatest crisis right now, with the most seats. So the ruling party has a chance to do the highest favor. You never know what a great opportunity. Europe is at its highest level of tension since World War II.
The Ukraine crisis is a bloody battle for military expansion in each country.
It's a global crisis.

Crisis is an opportunity, and that crisis is a golden opportunity for Korea to emerge as a protagonist in human history. And if you want to solve the crisis together, the cooperation of the democratic party is essential. The ruling party can help the Democratic Party as a savior when it is in its greatest crisis.

And when Russia and Ukraine are in the greatest crisis, if they become a savior with an arbitration plan, they will become a hero both inside and outside the country. What an idiot the ruling party is!

2023.01.23./Seo Kyung-rye/The ruling party can be the savior

# 여성의 진화

인류 역사를 은유적으로 해석하면
남성이 태양이나 불에 비유됩니다.
힘이 세지요. 과거는 힘의 시대고
역사적으로 무지한 시대였습니다.
인류가 동물적인 힘이 필요했지요.

남성이 전면에서 인류 문명을 발달
시키는데 필요했었던 것입니다.

여성들도 무지했습니다.
남성들이 전면에서 모든 권력을
가졌고, 여성은 노예처럼 살았는데
인류가 지금까지 오려면 거친 자가
힘든 노동일을 하고, 여기에 협조를
하지 않으면 속도가 붙지 않습니다.

그러한 사람의 내면의 진화가
끝났습니다. 이제는 여성이 필요한
시대로 이미 바뀐 지가 꽤 지났지요.

진화가 끝난 시점에서는 힘으로는
사회를 이끌어갈 수가 없습니다.

강대국 미국과 러시아와 중국이
지금 힘으로 서로 으르렁으르렁 거리지만
답이 보이던가요. 무력으로 지배하던
시대는 끝이 났습니다.

남성과 여성 개념을 나라로 본다면
대한민국은 여성의 역할입니다.
이 대한민국이 움직이지 않으면
강대국들은 서로 싸우고 망하고
엄청난 회오리가 번져 가지요.

마찬가지로 대한민국 내에서도
진화가 끝난 여성들이 깨어나야지
그녀들이 변화가 없으면 절대로
사회적인 화합이 불가능합니다.

겉모습은 작게 보이고 물리적 힘의 크기는
남성이 커서, 남성의 힘이 큰 듯 보이고,
여성의 근력이 남성의 70% 체력이지만,
에너지 자체는 여성이 반대로 70%를
가지고 있습니다.

지금 돌아가는 상황을 잘 보시면
유추해서 알 수 있지요. 모든 것을
삼키는 불을 끄는 것이 물입니다.
여성이 물에 비유되니 바로 여성의
지혜를 의미하는 것이랍니다.

여성 상위시대라는 말이 이유 없이
나온 것이 아닙니다만 여성의 사회
적 역할이 아직은 없었습니다.

실제 크기는 달이 태양보다
작아도 아주아주 작습니다만
그 중요한 역할은 엄청납니다.
달이 없으면 지구의 우리들과
생명체들은 살지 못합니다.

그것처럼 적용하면
여성이 깨달아서 사회의 창조적인
역할을 담당하고 지혜롭게 화합을
이루어내야, 비로소 사회가 다시
적합한 운영체제로 작동됩니다.

그러니 여성이 깨어나도록 자료를
주어야 하겠습니다. 진정한 여성운동을
위해 필자가 나서기 시작했습니다.

남성이 경제적인 부분을 책임지면
지적인 부분은 여성이 책임입니다.
지금의 혼란은 깨이지 못한 지식인,
여성, 종교인들의 책임이 가장 큽니다.

국가적으로는 대한민국의 책임이
가장 크다는 것도 알아야 하건만
모르고 있는 사이에 대한민국도 지구촌도
여기저기서 시뻘건 불이 번져갑니다.

불을 끄는 것도 물이지요?
전세계가 서로 분노하고 메말라서
산불로 타든 전쟁으로 타든 말싸움으로
타든 시뻘겋게 활활타고 있습니다.
그러니 어찌해야 하겠습니까!
이를 차분하게 끄는 것도 바로
여성이랍니다.

2021.07.18./서경례/여성이 깨어나야 하는 시대

# Evolution of Women

In a metaphorical interpretation
of human history, men are
compared to the sun and fire.
strong The past was an age of power
and an age of historical ignorance.
Humanity needed animal power.

It was necessary for men to develop
human civilization from the front.
Women were also ignorant.
Men had all the power at the front,
women lived like slaves For mankind
to come this far, tough people must do
hard work, and if women do not cooperate,
the pace will not accelerate.

Such human inner evolution is over.
It's been quite some time since
we've already moved into an era
where women are needed.

The great powers America, Russia, and
China are growling with each other now.

Did you see an answer to resolve
the conflict?
The era of domination by force is over.

If the concept of men and
women is viewed as a country,
the Republic of Korea is the role
of women. If this Republic of Korea
does not move, great powers
will fight each other

Likewise, in Korea,
women who have finished their
evolution must wake up.
If they do not change, social
harmony is absolutely impossible.

The appearance is small, and the size
of the physical force is large in men,
It seems to have a lot of strength,
and the female strength is 70%
of the male strength. Energy itself has
70% of women, on the contrary.

If you look closely at the situation in which
women are getting more and more
prominent from developed countries,
and all consumption revolves around
women, you can see by analogy.
It is water that puts out the fire that
devours everything. That is wisdom.

The term "the age of upper women"
did not come out without a reason,
but the high-level social role of women
did not exist yet.

In actual size,
the moon is much smaller than the sun,
but its important role is enormous.
Without the moon, we and all living
things on Earth cannot survive.

If applied like that,
A woman like the moon must realize
and play a creative role in society.
Only when women wisely achieve harmony
in the global village can society operate
as an appropriate operating system again.

Women ate energy while being helped
by men, They were lazy in trying to know
the essence of themselves and society.
So we need to provide data to help women
wake up. I started working for a true
women's movement.

Men are responsible for the economic part,
while the intellectual part is for women.
Intellectuals, women, and religious people
who have not woken up are most
responsible for the current global chaos.

As a nation, we need to know that
the Republic of Korea is most responsible
for a turbid society.
It is also water that puts out a fire.
The laws of nature are very mysterious.

2021.07.18./Seo Kyung-Rye/
The era when women need to wake up

# 대장동 사건을 바라보며(44/62)

대한민국의 역사를 바라보면 자신을 바라보지 못하고 항상 끼리끼리 취해서 상대를 탓하고 당파싸움으로 살아온 세월이 참으로 길었습니다. 그런 상태는 필연적으로 국민을 볼모로 권력의 단맛에 취할 수밖에 없는 형국이라 에너지가 많이 낭비됩니다.

상대는 적이 아니고 함께 가야 할 동반자로 생각하라는 필자의 메시지가 생소하고 낯설수밖에 없습니다만 미래를 영광스럽게 열어가고 국민의 1,000조나 되는 빚도 갚으려면 우리 퇴직자들이 죽을 때까지 자신이 하고자 하는 일자리가 생기고 젊은 청년들의 활기 넘치는 일터가 만들어지기를 원한다면 필자가 드리는 지혜를 잘 받아야만 가능합니다. 위기를 기회로 전환하라고 돈으로도 환산되지 않는 값진 지혜를 주는 것인데 주는 것도 받지 못하는 상태라면 미래가 어찌 되겠습니까?

민주당의 사법 리스크는 심각합니다. 대장동 사건만 있는 것이 아니고 또 다른 것들이 기다리고 있음을 그들도 알고 형님 격인 국민의힘도 알고 있습니다. 그 두려움을 해결해 달라고 입만 열면 거짓말 돌아서면 뒤통수를 치는 것이지요. 생각해 보자고요.

아우가
"입만 열면 거짓말 돌아서면 뒤통수"를 친다고 하는 것은 아우를 탓할 것이 아니고 형님의 상태를 보여주는 것입니다.
형님이 오죽이나 지질하고 아우를 위해 주지 않으면 그리하려고 난리 치냐고요!

피라미드 맨 꼭대기는 바로 밑을 위해서 살고 그들은 그 바로 아래를 위해서 살아야 자연의 에너지가 순서대로 아래로 내려가는데 형님부터 나만 살자고 욕심을 낸다면 어찌 되겠습니까?

지금처럼 행안부 장관 해임하라고 난리를 칩니다. 미워서요.

2023.01.24./서경례/누가 더 하자인가?

# Looking at the Daejang-dong Criminal Case(44/62)

Looking at the history of the Republic of Korea, it has been a long time since we have lived through partisan fighting.
My message to think of your opponent as a partner to go with, not an enemy, is unfamiliar and inevitably strange.
If you want to open up the future gloriously, pay off the people's 1,000 trillion debt, create jobs for our retirees, and create a vibrant workplace for young people, you can only do so if you receive the wisdom I offer.
The Democratic Party's judicial risks are serious.
They know that it's not just the Daejang-dong criminal case, there are other things waiting for them.
To get rid of that fear, they keep lying.
It is not to blame the younger brother, but to show the older brother's condition.
What if my older brother doesn't give it for his younger brother!
The top of the pyramid lives for the one below it, and they must live for the one below it so that the energy of nature goes down in order.
But what will happen if my older brother gets greedy first?
As now, the Democratic Party is making a fuss to dismiss the Minister of the Interior and Safety.
He hates his opponent.

2023.01.24./Seo Gyeong-rye/Who has more flaws?

# 대장동 사건을 바라보며(45/62)

민주당이 이태원 참사를 빌미 삼아 행안부 장관을 해임하라고 하는 것도 고깝게 받을 것이 아닙니다. 이것도 한 번 짚고 넘어갑시다.

민주당이 해임을 거론했든 대통령이 해임을 단행하든 아니면 검찰이 기소라는 칼날을 가지고 명령하든 우리가 면면을 살펴보니 당사자들이 전부 판사 출신이거나 법조인인 변호사 출신이네요.

이태원 참사나 대장동 사건이나 당 대표 선출이라는 것은 어디까지나 중간의 방편이 되는 것이고 결론을 보자고요.

사회에 기여한 바 없으니 조용히 물러나라는 시그널을 받고 있는 것입니다. 박수 칠 때에 떠나야지 고집을 부리면 어찌 되는지 보고 있잖아요.

법조인들이 세상을 얼마나 잘못 살아왔는지 법조인들은 아주 많이 반성해야 합니다.
행안부 장관 해임을 요구하면 그것도 들어주세요. 그리고 민주당이 후보를 주라고 하세요. 그럼 국민의힘과 의논해서 둘 다 동의할 수 있는 사람을 임명하면 됩니다.
둘 다 합의가 안 되면 합의가 되는 사람을 찾을 때까지 기다리고 결제는 바로 아래 차관이 하면 됩니다. 그것 때문에 나라가 망하는 것이 아니고 지금처럼 당파싸움을 계속하면 나라가 망합니다.

장관을 전부 국민의힘 쪽에서 찾을 필요는 없고 민주당 쪽의 사람도 하나 껴안아서 소통의 창구로서 훌륭한 역할을 하게 해주면 좋습니다.
그것도 하나 껴안지 못하는데 대한민국을 어떻게 머리에 이고 가냐고요.

2023.01.24./서경례/민주당 측에서도 후보로

# Looking at the Daejang-dong Criminal Case(45/62)

The Democratic Party uses the Itaewon disaster as an excuse to demand the dismissal of the Minister of Public Administration and Security. Whether the Democratic Party mentioned the dismissal or the president carried out the dismissal, the parties were all former judges or lawyers. The Itaewon disaster and the Daejang-dong criminal case are always a middle way. And let's see the conclusion. Since he has not contributed to society, he is being signaled to quietly step down.
He should leave when he claps, you see what happens if you insist.

If you demand the dismissal of the Minister of Public Administration and Security, please listen to that too. And ask the Democrats to give candidates. Then you can discuss it with the ruling party and appoint someone you can both agree on. It is not because of that that the country is ruined, but factional warfare, like now, ruins the country.
It is not necessary to find all ministers from the ruling party, and it is good to appoint a person from the Democratic Party to play a great role as a communication channel. How does the ruling party, which can't embrace that, carry the Republic of Korea on its head?

2023.01.24./Seo Kyung-rye/Democratic Party also nominated

# 대장동 사건을 바라보며(46/62)

국민의힘이 민주당의 사법적 리스크를 먼저 해결하고자 한다면 그것이 바로 국민을 위하는 것이기도 합니다.
주는 것이 결국은 받는 것이고 민주당을 위하는 것이 그 밑에서 숨을 쉬는 국민한테 에너지가 내려가게 하는 방법이 됩니다.
필자가 드리는 제안이 그냥 감추자는 것이 아니고 국민이 이해할 만한 정치적인 결과물을 민주당과 함께 창출해서 정당하게 인정을 받자는 것이니 그것을 창출하는 과정에서 여당은 많은 존경을 받습니다.

기소부터 잠시 정지시키고 이태원 참사 같은 문제는 빨리 대화로 마무리하고 시간이 자꾸 가기 전에 우크라이나 사태와 대북 관련 문제를 살펴봅시다.
민주당의 고민이 또 대북 사건에 있습니다.
우리가 진정으로 민주당을 위한다면 이 고민도 풀어야만 하는데요.

몰래 북한에 피같은 달러도 주었고 이런저런 것을 많이 넘겨 주었고 그것이 심각한 형사문제가 된다면 이참에 아예 통일을 해버리면 어떻습니까?
통일을 한 마당에 과거에 준 것을 가지고 범죄라고 하면서 처벌을 한다는 것은 이상하지요?
지난 5년 동안 집권했던 많은 사람들이 민주당에 있는데 이들의 고민이 편안하게 해결이 됩니다.

통일을 하면 남북한이 한 식구가 되는 것인데
우리 국민의힘은 무능력해서 평화적으로
통일을 할 수가 없다는
무슨 법조문이라도 있습니까?

통일을 누가 하냐고요!
우리가 해야지 누가 해주냐고요? 그것도 잘난
남한에서 주축이 되어 독자적으로
해야하는 것이지 언제까지 미국과 중국의
눈치만 보고 살 수는 없지 않습니까?
그들한테 그들 스스로 통일을 하고
경제문제를 스스로 해결하는 방법을
남한에서 그들을 존중하면서 대화로
지혜롭게 이해를 시킬 때에 비로소 그들의
마음이 움직입니다.

지금처럼 그들을 적대시하고 무시하고
선제공격하자고 말한다면 우리가 우리를
적대시하는 사람을 싫어하듯이 북한도
똑같이 상대방을 신뢰하지 않습니다.
지금 민주당의 고민을 살피는 것이나 북한의
고민을 살피는 것이나 근본은 똑같은
것입니다.

그들과 대화를 할 때에는 경제적 우위를
따지지 말고 그들의 고민을 자연스럽게
해결해 주는 방법이 필요합니다.
선제타격 운운하는 것은 같이 죽겠다는
너무나 무지한 소리이니 친구님들은 그런
얘기에 부화뇌동해서는 문제를 해결할 수
없습니다.

2023.01.25./서경례/이참에 아예 통일까지

# Looking at the Daejang-dong Criminal Case(46/62)

If the ruling party wants to solve the Democratic Party's judicial risks first, that is also for the people.
My proposal is not to just hide it, but to create a political outcome that the people can understand together with the Democratic Party to be recognized legitimately.
In the process of creating it, the ruling party is respected.

Let's stop the prosecution for a while, quickly finish the Itaewon disaster with dialogue, and look at the Ukraine situation and issues related to North Korea.
The Democratic Party's concerns are again in the case of North Korea.

If someone secretly gave dollars to North Korea and handed over a lot of things, and it becomes a crime of espionage,
how about reunification at this point?

Isn't it strange that in the yard of unification, punishment is done with what was given in the past?

If we treat them as hostile and ignore them as we are now, and demand a preemptive strike, just as we hate those who are hostile to us, North Korea will not trust us in the same way.

When you talk to them, you need a way to naturally solve their concerns without considering economic advantage.

Talking about a preemptive strike is such an ignorant thing to say that you will die together, so you can't solve the problem if your friends agree to that.

2023.01.25./Seo Gyeong-rye/Unification at this point.

# 대장동 사건을 바라보며(47/62)

통일이 안된 유일한 분단국가의 꼬리표를 없애는 이 위대한 일을 드디어 국민의힘과 민주당이 함께 만들었다는 기록을 역사에 남기는 것은 아름답습니다. 아름다운 사람은 머문 자리도 아름답다고 하잖아요.

그리고 저기 숨이 넘어갈 듯한 러시아와 우크라이나 사태를 보자고요. 러시아 우크라이나 사람들이 비참하게 죽어 나가고 있습니다. 지금은 정적을 제거하느니 대장동 일당을 기소하느니 하는 것이 중요한 것이 아니고 미래의 경제문제 해결까지도 연결할 수 있는 것을 찾는 것이 급합니다. 그러니 아무도 중재안을 주지 못하는 이때에 얼마나 좋습니까?

유럽이 간절히 애가 타는 이때 모두에게 유익한 중재안을 준다면 대한민국은 빛나지 않을 수가 있겠습니까?

K 방산 그토록 광고하지 않아도 저절로 선전이 될 것인데
아아 대한민국이여!!!
통이 크게 화합을 하라고 대통령을 만들어 놓았더니 무기 팔러 다니는 영업사원이 되면 우째요!
여기서 대통령이 나오네요.
그럼 국민의힘과 대통령을 봅시다.
피라미드 꼭대기를 다시 또 확대 해보니 거기서도 꼭대기에 대통령이 앉아 있습니다. 국민의힘 국회의원들을 발판 삼아서 앉아 있습니다. 다시 피라미드를 거꾸로 머리 위에 들었다고 상상을 해 보자고요.
그랬더니 대통령이 모든 피라미드 덩어리를 이고 있는 형국입니다.
민주당도 포함해서요.

2023.01.25./서경례/가장 높은 자리의 책임

# Looking at the Daejang-dong Criminal Case(47/62)

It is beautiful to leave a record in history that the ruling party and the Democratic Party have finally done this great job of getting rid of the label of the only divided country that has not been reunified.
And Russian Ukrainians are dying miserably. Right now, it is not important to prosecute the Daejang-dong gang, but it is urgent to find something that can be connected to solving future economic problems.

So how good is it at this time when no one can offer an intervention?
At this time when Europe is desperately anxious, if it provides a beneficial arbitration plan for everyone, can Korea not shine?

The K arms industry will be promoted by itself even if it does not advertise so much.

Then let's look at the power of the people and the president.
Zooming in on the top of the pyramid again, there's also the president sitting at the top.
The President sits on the platform with the members of the National Assembly.
Imagine again holding the pyramid upside down over your head.
Then the president is holding all the pyramid chunks.Including the Democrats.

2023.01.25./Seo Gyeong-rye
/Responsibilities of the highest position

# 대장동 사건을 바라보며(48/62)

대통령이 사람은 달랑 한 사람입니다만
중요성은 국회의원들 300명을 합친 것보다
더 중요합니다. 따라서 그 한 사람이 행정부의
수반으로서 개인이 아닌 기관이고 권력이
집약되어 있으니 국민의 에너지가 그곳에
몰려있다고 보면 정확합니다.
그만큼 경제적인 소비도 많이 하지요?
그럼 그 정도로 말과 생각과 행동이
가치가 있어야 합니다.

그런데 여기서 하나를 더 알아야 하는 것은
현재 대한민국 대통령은 한국인뿐만 아니라
전 세계의 지적인 모든 에너지가 고인 자리가
됩니다. 지정학적인 위치가 중요한 것은
그런 의미를 가지고 있었던 것입니다.
조그만 이 나라의 대통령이 미국의 대통령
보다도 더욱 중요한 key point가 됩니다.
그래서 다들 한국을 찾아옵니다.
러시아도 눈을 부릅뜨고 한국을 주시하고
이란도 촉각을 곤두세우고 한국을 바라보고
있으니 그 정도로 지구촌의 핵심적인 자리에
대통령이 있습니다.

진실로 그러하니 그런 원리를 바르게 알고
권력을 바르게 행사해서 미래의 희망을
내려 줄 수 있는 대통령을 세운다면
이것은 국민의 홍복이요 인류의 구세주가
나타 났으니 평화의 시작인 것입니다.
그것을 현실에서 대입해 보면
대통령은 국민의힘을 위해서 자신이 가진
모든 에너지를 내리고 이념을 전달하고
본인이 모범을 보이고 그것을 보고 배운
국민의힘은 민주당을 위해서 양보하고
사법적인 리스크라는 고민을 살피고 그들을
위해서 문제를 함께 고민하고
민주당은 겸손을 배우고 국민을 위해서
부지런히 챙기고 연구하고 위쪽으로
대안들을 올려주고 견제도 하는 유기적
관계가 형성되면 국민은 감사를 배우고
그들이 올려준 에너지 다시 환원 받아서
유복하게 잘 살고 편안합니다.
이것은 도도한 자연법이기도 하기 때문에
우리는 누구도 이 자연법의 테두리를
벗어날 수 없고 여기에서 벗어나면 싸움이
되고 서로 불행합니다.

2023.01.26./서경례/아래를 위해서 사는 법칙

# Looking at the Daejang-dong Criminal Case (48/62)

The president is one person, but its importance is more important than 300 members of the National Assembly combined.
So that one person, as the head of the executive branch, is not an individual, but an institution and power is concentrated.
Then your words, thoughts and actions must have value.
However, one more thing to know here is that the current president of the Republic of Korea is a place filled with intellectual energy not only from Koreans but also from around the world.
The geopolitical location was important because it had such a meaning.
It is truly so, so by correctly understanding the principle and exercising power correctly, hope for the future is secured.
If a president is established, this is the blessing of the people and the appearance of the savior of mankind.

If you put it into reality, the president should set an example by putting down all his energy for the ruling party.
The ruling party who learned from watching it should make concessions for the Democratic Party, take a look at the concerns of judicial risks, and think about problems together for them.
When the Democratic Party learns humility and raises policies upwards and forms an organic relationship to keep them in check, the people learn to appreciate and receive back the energy they raised, so they live well and feel comfortable.

This is the proud law of nature.
None of us can escape the bounds of this natural law, and if we deviate from it, it becomes a fight and we are unhappy with each other.

2023.01.26./Seo Gyeong-rye/The law of living for the sake of

# 대장동 사건을 바라보며(49/62)

대통령이 되기까지 민주당 측에서 공격을 했다고 해도 현재의 대통령은 과감하게 그것을 끌어안아야 모든 문제를 풀어낼 수가 있습니다.

과거의 문 대통령이 국민의힘을 배제하고 북한의 김정은과 뜻을 맞추어 성과를 내려고 아무리 용을 써도 어떠한 성과도 낼 수 없듯이 지금의 국민의힘도 민주당을 배제하고는 통일이라는 위대한 결과물은 고사하고 어떤 개혁도 이룩해 낼 수가 없고 국민의 원성을 듣습니다.

다시 말하면
대통령과 민주당과 국민의힘과 국민의 융합이 일어나지 않으면 어떤 일도 성공할 수 없습니다.

만일에 서로 아픈 곳을 감싸주고 통일을 이룩한다면 대북송금 사건부터 모든 리스크는 자연스럽게 없어질 뿐만 아니라 민주당이 그동안 노력했던 것들도 정당하게 인정을 받아서 함께 빛이 납니다.
두 분 대통령이 함께 빛나는 영웅이 되는 것입니다.

북한은 모든 부문에서
낙후합니다. 따라서 통일을 시작 한다해도
금방 섞일 수 있는 것이 아닙니다.
시간이 걸리는데 그런 과정은 전부 남한의 손길이 들어가야 하니 천연의 관광단지 북한 땅은 아무리 빨라도 10년의 세월이 지나야 비로소 민간인의 왕래가 가능할 것입니다.

그리될 때까지 우리의 할 일이 얼마나 많이 파생될지 생각 좀 해 보라고요. 일자리는 또 얼마나 많이 생겨날지 상상이 가시는지요?

2023.01.29./서경례/끌어안는 대통령이 되어야

# Looking at the Daejang-dong Criminal Case(49/62)

Even if the Democratic Party attacked until he became president, the current president boldly You have to embrace it to solve all your problems.

Just as the Democratic Party cannot achieve any results with North Korea's Kim Jong-un by excluding conservative forces, the current ruling party cannot achieve any reform without excluding the Democratic Party, and it listens to the people's complaints.

If we cover each other's sore spots and unify, not only will all risks naturally disappear from the remittance incident to North Korea, but the efforts of the Democratic Party will be duly recognized.

North Korea is lagging behind in all sectors. Therefore, even if unification begins, it is not something that can be mixed immediately. It takes time, but since the whole process needs to be done by South Korea, civilians will not be able to come and go until 10 years have passed at the earliest.

Until then, just think how much of our work will be derived.

Can you imagine how many more jobs will be created?

2023.01.29./Seo Kyung-rye/Become a hugging president

# 대장동 사건을 바라보며(50/62)

피라미드 맨 꼭대기를 다시 확대 해보니 거기서도 나누어지는데 맨 꼭대기 정수리에 대통령이 앉아 있고 밑에 국민의힘이 있다는 것은 이미 말씀을 드렸습니다.

대통령은 국민의힘을 위해서 살아야만 하는데 지금 현재 국민의힘이 하지 못하는 것을 대통령이 먼저 모범을 보여주어야 그것이 바람직한 것이고 윗사람이 아랫사람을 위하는 것입니다. 민주당에 대한 정보나 국민에 대한 정보들과 정책적인 모든 방향은 국민의힘에서 올라가는데 여당의 모든 국회의원이 하지 못하는 것이 있어요. 그것이 도대체 무엇일까?

국민의힘 국회의원들과 민주당의 국회의원들이 서로 존중하면서 대화로 사법 리스크도 불안을 없게 하고 이태원 참사도 요구대로 해서 민주당과 소통을 한 다음에 한 걸음 더 나아가야 합니다. 보아하니 현재 대통령이 노동개혁 연금개혁 교육개혁 등을 강력하게 추진하겠다고 2023년의 신년사에서 발표하네요. 좋은 말입니다.

개혁이라!!!
개혁해야 한다고 자꾸 외치는데 민주당도 외치더라구요. 검찰개혁
민주당에서 밤낮없이 검찰개혁을 외쳤어요. 그런데 결과가 어찌 되었는지 보십시오. 검찰공화국이 되었습니다.
민주당이 그들이 먼저 스스로 자기 자신을 개혁했으면 검찰은 할 일이 없어서 손가락만 빨고 있다가 저절로 축소되고 할 일이 없어 스스로 개혁이 되었을 텐데

우리 자신은 시커멓게 내면의 괴물이 또아리를 틀고 있으면서 상대보고 자꾸 개혁을 하라고 하지를 않나 심지어는 검수완박을 밀어붙이니 검찰조직이 똘똘 뭉쳐서 개혁을 외친자를 덮칩니다.
여기서 우리는 진리를 하나 발견하면 됩니다.
대통령이 개혁을 외치기 전에 스스로를 먼저 개혁하는 모습을 보여주면 국민의힘 국회의원들이 그것을 봅니다.

2023.01.29./서경례/누가 누구를 개혁하는가?

# Looking at the Daejang-dong Criminal Case (50/62)

ooming in on the top of the pyramid again, it is divided there as well. I have already told you that the president sits on the top of the head and the Conservative Party is below it. The president has to live for the ruling party, but the president must first set an example for what the ruling party can't do now, so that the superiors serve the inferiors. Information on the Democratic Party and the people and all policy directions are from the ruling party. There is something that all members of the ruling party cannot do. What the hell is that?

Lawmakers from the ruling party and the Democratic Party respect each other and overcome judicial risks through dialogue. We need to eliminate anxiety and follow the Itaewon disaster as requested, communicate with the Democratic Party, and then go one step further. Apparently, the current president announced in his New Year's address in 2023 that he would strongly push for labor reform, pension reform, and education reform. Good word.

Reform!!!

The Democratic Party shouted for prosecution reform day and night. But look what the result was. Korea has become a prosecution republic. If the Democratic Party lawmakers had reformed themselves first, the prosecution would have been sucking their fingers because they had nothing to do, then they would have been reduced by themselves and reformed themselves because they had nothing to do. However, as the inner monster sits in darkness and pushes the opponent to reform, the prosecution organization unites and attacks the person who shouted for reform. Here we just need to discover one truth. If the president shows himself to reform first before shouting for reform, ruling party lawmakers will see it.

2023.01.29./Seo Gyeong-rye/Who reforms whom?

아!
대한민국 지식인들이여!
국민이 당신들을 기다리고 있습니다.
필자가 드리는 것은
물질이 아니고 정성입니다.
우리는 다시 새 역사를 시작해야 하기에,
여기 영광스러운 미래를 함께 열어 가도록
두손 모아 미래비전을 올립니다

# 대장동 사건을 바라보며(51/62)

연금개혁부터 살펴볼까요?
국민연금 재원이 2041년부터 적자로 돌아서고 2055년엔 완전히 고갈이 될 거라는 우울하고 다급한 전망이 나왔습니다. 그런데요. 이대로 가다간 그것보다 훨씬 더 빠르게 고갈되고 국가가 망합니다. 그래서 대통령이 그것의 심각성을 눈치채고 연금제도를 개혁하기로 했으니 결정은 잘했습니다.
지금까지 정치인들이 급여 받으면서 바쁜 척 국민을 현혹하고(국민이 보면 그들이 엄청 열심히 일하는 것으로 보임) 만들어 놓은 결과물이 바로 1,000조 빚더미에 국민을 앉히고 연금은 고갈되는 상태로 만든 것입니다.

우리가 인정할 것은 인정해야 하고 국민도 이제는 환상에서 벗어나야 이런 문제도 본질적으로 바로잡을 수가 있습니다. 그런데 예리하게 잘 보시지요. 누가 연금을 고갈시키는지요?
연금을 가장 많이 받는 자가 대통령인지 일반 국민인지를 보시라고요!

퇴직한 전 대통령이 받는 대통령 예우 보조금이 2억 6,000만 원에서 2022년 문 대통령이 퇴임 전 3억 9,400만 원 인상시켰고 따로 연금으로 월 1,400만 원을 받고 비과세입니다. 국민은 작은 액수의 연금을 받아도 세금을 내는데 대통령의 연금은 다른 보조금 외에 별도로 월 1,400만 원을 받는데 순수 손에 쥐는 돈입니다.

현재 대통령이 자기의 연금을 어찌하겠다는 얘기는 일언반구도 없이 다시 말하면 자기는 그 많은 연금을 다 받겠다는 의도를 가지고 연금개혁을 외치는 것에 대해서 여러분은 어찌 생각하시는지요?
현재 마크롱 프랑스 대통령이 대통령을 마치고 받게 될 특별 연금으로 월 2,540만 원(이 중에서 순수 연금은 800만 원이고 나머지는 종신위원직을 포기하면서 받지 못하는 금액)을 포기하고 연금개혁을 외치고 있는데 대한민국의 대통령은 무엇이 모자라서 그런 말을 못하고 연금개혁을 외치고 있는 것인지 생각을 좀 해보자고요.

2023.01.29./서경례/개혁을 외친 자부터

# Looking at the Daejang-dong Criminal Case (51/62)

Let's start with pension reform.
There was a gloomy and urgent prospect that the national pension fund would turn into a deficit from 2041 and be completely depleted by 2055. By the way If it continues like this, it will be depleted much faster than that and the country will perish. So the president noticed the seriousness and decided to reform the pension system, so the decision was good. Until now, politicians have dazzled the public by pretending to be busy while receiving salaries. The result they made is that the people are sitting in debt of 1,000 trillion and the pension is depleted. We have to admit what we have to admit, and the people must get out of illusions so that these problems can be fundamentally corrected. But who depletes pensions? See if the person who gets the most pension is the president or the general public! The presidential courtesy subsidy received by the former president who retired was increased by 394 million won before retirement in 2022 to 260 million won. And separately, he receives a monthly pension of 14 million won, which is also tax-free. The people pay taxes even if they receive a small amount of pension, but the president's pension receives 14 million won a month in addition to other subsidies, which is pure money in his hands.

There is absolutely no talk of what the president is going to do with his pension. In other words, what do you think about him calling for pension reform with the intention of receiving all that much pension? Currently, French President Macron is giving up 25.4 million won a month as a special pension that he will receive after completing his presidency and is calling for pension reform. Let's think about what the President of the Republic of Korea lacks and he is shouting pension reform without being able to say that.

2023.01.29./Seo Gyeong-rye/From those who shouted reform

# 대장동 사건을 바라보며(52/62)

대통령은 퇴임 후 자신의 연금과 특별보조금 등을 포기할 수 있는지 없는지를 먼저 말씀 드렸는데요. 이것은 대단히 중요한 상징적인 의미를 가지고 있습니다.
연금은 지도자가 받는 것이 아니기 때문입니다. 따라서 지금은 지도자가 아닌 것이 됩니다. 지도자는 연금이 아니라도 국민이 살펴줍니다.
그것은 일반 국민이 노후의 생활 안정을 위한 것이지 대통령이 받아야 하는 성질의 것들이 아닌 것이지요.

따라서 대통령이 그것을 스스로 포기하는 모습을 보여주는 것은 국민한테 연금개혁을 설명할 때에 훨씬 유익하고 국민의 공감대를 형성하고 모든 개혁안에 동의합니다만

국회의원들부터 포기하라고 하면 그들의 머릿속에 있는 것들이 드러납니다.

맨날 선거 때에는 그저 국민을 위해서 봉사를 하느니 마느니 하는데 돈을 포기하라고 하면 포기하지 못합니다.
해마다 급여를 올리고 대통령 연금액을 올리고 했던 이들이 국회의원들입니다.
뉴스에서 그런 것들은 방송도 하지를 않아요.
그러하니 연금개혁을 얘기하기 전에 지금의 상태를 진단해 봅시다.
우리 국민이 지금은 서로서로 내 것만을 챙기려고 혈안이 되어 있습니다.

심지어는 대통령과 국회의원들도 연금부터 시작해서 내 돈을 챙기려고 하고 있습니다.
내 돈을 챙기려 하지 않았다면 대장동 사건은 절대 일어나지 않습니다. 그런 국민 전체의 상태가 대장동 사건에서 대표적으로 투영되어 있는 것이지요.

상상을 해보십시오.
모든 사건과 집단들이 결국은 편하게 일하지 않고 돈을 많이 받는 문제를 고민하는 것입니다.

2023.01.30./서경례/본질은 받는 것

# Looking at the Daejang-dong Criminal Case(52/62)

The President first talked about whether or not he could give up his pension and special subsidies after he left office.
This has a very important symbolic meaning.
Because pensions are not for leaders.
So now you are not a leader.

It is for the stability of the life of the general public in their old age, not things of the nature that the president should receive.
Therefore, showing the president giving up on himself forms a consensus of the people when explaining pension reform.
If the people ask the members of the National Assembly to give up, their greed is revealed.
It was the members of the National Assembly who raised the salary and the amount of the presidential pension every year.
If all of us, from the president to the members of Congress, didn't try to get our money back, the Daejangdong incident would never happen.
The state of the entire nation is representatively reflected in the Daejangdong Incident.

Just imagine.
In the end, all cases and groups are thinking about the problem of not working comfortably and getting a lot of money.

2023.01.30./Seo Gyeong-rye/The essence is to receive.

# 대장동 사건을 바라보며(53/62)

지금은 인간의 수명이 100세 전후를 살고 있습니다. 이런 상상을 해봅시다. 만일에 여러분들이 노동력을 완전히 상실할 때까지 즉 80세가 넘어도 할 일이 있어서 먹고 자는 등 생활이 안정이 된다면 연금액이 줄어든다고 불안할까요? 연금개혁을 하는 데에 자꾸만 요율을 높이고 67세부터 받느냐 마느냐만 따지지만 실상은 그것이 문제가 아니고 나이가 들어서도 보람 있는 일을 할 수가 있는 환경을 조성하는 것이 중요한 것입니다.
(지금처럼 개혁한다면 또다시 연금 재원의 고갈 문제는 생길 수밖에 없는 것)
우리가 돈에만 집착하다 보니 일을 하는 것이 얼마나 소중한 것인지를 몰라요. 나이가 들어도 일을 해야만 병에도 걸리지 않고 사람한테 생기가 돌고 비굴해지지 않고 자녀들이 보기가 좋은 것임을 모르고 돈을 받아야만 일을 하려고 하니 일이 없어요.
(앞으로는 그런 일자리는 전부 로봇이 대체함)
우리의 얕은 계산으로는 돈이 먼저 보장되어야 일을 하는데 일을 하다 보면 돈이 생기는 것을 모릅니다. 연금개혁 문제는 대통령부터 국회의원들까지 우리의 생각 자체를 바꾸지 않으면 문제 해결이 되지 않습니다.

그리고 이것은 근본적으로 투입과 산출의 문제인데 투입을 했을 때에 즉 그 많은 국민의 돈을 미리 그토록 모두로부터 강제로 십시일반 받았다면
그것을 가지고 미래비전을 기획해서 다시 환원을 해야 하는데 미래비전을 창출하지 못하고 모은 자금을 다시 돌려주는 의미 없는 구조이기에 이 상태로는 연금개혁이라는 것이 불가능하고 많은 부분이 인건비로 시설 유지비로 나간다고 보시면 됩니다. 국민은 연금공단의 1년 인건비가 얼마인지 살펴보아야 하고 연금공단이 연구해서 새로운 것을 창출한 것이 있는지도 국민이 확인해 보면 결국은 미래 시대가 요구하는 지적인 창출도 없이 채권 부동산 주식투자와 같은 돈의 운용밖에 몰랐음이고 그 외에 많은 부분이 인건비로 지출되고 있었음도 알게 됩니다.

2023.01.30./서경례/받으려고만 하지 말고

# Looking at the Daejang-dong Criminal Case(53/62)

Now, human lifespan is around 100 years old. Let's imagine this. If your life is stable because you have work to do until you completely lose your ability to work, that is, even if you are over 80 years old, would you be anxious about a reduction in the amount of your pension? Pension reform keeps raising the rate and only asking whether or not to receive it from the age of 67, but that is not the correct answer. It is important to create an environment in which you can do worthwhile work even when you are old. (If we reform like now, the problem of depletion of pension resources will inevitably arise again).

Because we are obsessed with money, we don't know how precious it is to work. They don't know that even when they get old, they have to work so that they don't get sick, and people live up to them and don't become servile. The problem of pension reform cannot be solved unless we change our thoughts, from the president to members of the National Assembly.

And it's fundamentally a matter of input and output. When you invest, that is, if you have received so much people's money in advance and forcibly from everyone, you must plan a future vision with it.

We have to do such a reduction, but now it is a meaningless structure in which we cannot create a future vision and return the collected funds, so pension reform is impossible in this state.

A large portion of the costs are for labor and facility maintenance.

When the people check to see if they have created anything new, they eventually find out that they only knew about operations such as bonds or stock investments without the intellectual creation required by the future era, and that a large part of them was being spent on labor costs.

2023.01.30./Seo Gyeong-rye/Don't just try to receive

# 대장동 사건을 바라보며(54/62)

국민이 지도자를 세우는 이유는 국민이 잘 살기 위해서 모든 물자를 대주고 명예를 올려 주고 권력이라는 칼자루를 안겨 줍니다. 지금처럼 대통령이나 국회의원들이 시간만 가면 연금이 나오고 특별보조금이 나와서 그것도 비과세로 나오고 반대로 일반 국민은 작은 돈도 받을 수 있을지 말지를 고민하려고 대통령을 만드는 것이 아닙니다.

생각을 좀 해보자고요.
대통령이나 국회의원들이 그동안 국민의 세금을 얼마나 물 쓰듯 줄줄 써서 많은 고급의 지적 활동을 하게 하고 또 얼마나 많은 인연을 만들어 주고 경험을 쌓게 하는지 아시는지요? 대통령 그 1명을 위해서 어마어마한 자금이 쓰이는데 그런 경험을 축적한 후에 나와서 국민을 위해 교육을 시작하고 강의를 하고 책을 쓰면 그 수입이 대단합니다.

미국의 폼페이오 전 장관도 자신의 경험담을 쓰던데요. 필자처럼 유명하지 않은 사람이 아닌 유명했던 대통령이 출판하거나 강연을 한다면 내용이 최고가 아니라도 국민은 그것에 비용을 씁니다.
실제 현실에선 그렇더라고요.
(그러나 참 지식을 강의해야지 불평불만을 가르친다면 그 자체로 무지가 드러나는 것) 오로지 국민을 위한다면 너무나 좋은 경험으로 할 수 있는 일들이 참으로 많습니다만 연금과 특별 보조금을 받아먹으면서 편하게 산다면 뒷방 늙은이가 됩니다. 쓸모없는 늙은이로 국민이 키우는 것이니 당사자에게나 국민으로서나 바람직한 행태가 아닙니다.

46살의 아직은 어린 프랑스의 마크롱 대통령도 연금을 포기하는 제안을 하는데 왜 우리 대한민국 대통령은 연금을 포기할 수 없는지 여러분은 그 이유를 아시는지요?
대통령이 아닌 사람은 상징적인 효과가 없기 때문에 연금개혁에 영향을 줄 수가 없지만 대통령은 다릅니다. 이렇게 역사적인 한 발짝 가는 길에 대통령은 모범을 보여주어야 하고 그리만 한다면 대통령을 마쳤을 때 국민이 여기저기서 모셔갑니다.

나는 그 많은 보조금을 다 받고 국민은
허리띠를 졸라매고 연금을 덜 받으라고
외치는 것은 아무리 생각해도 어이없는
행태가 됩니다.

민주당 국회의원들은 아우라서 못합니다.
나이가 어리니 국회의원들 중에 아우격
이잖아요. 성장하는 사람들은 받아야 하는
위치에 있습니다. 형님 격인 국민의힘의
국회의원은 또 욕심이 앞을 가려서 못합니다.
국회의원들한테 그들이 일하는데 필요한
모든 비용을 줄 테니 지금 현재 받는 자금을
포기하라고 말하면 그들은 까무러칩니다.

국민의 세금으로 정당보조금을 받아서
그 돈으로 유지되고 급여도 당장 받아야 하고
연금도 받아서 품위 있는 노후도 챙겨야 하는
계산이 가장 먼저 있기 때문에 탈당하기도
쉽지 않고, 다음 공천에 눈이 돌아가고
당장에 받아 챙기는 현금 앞에서 우리의 정당
국회의원들은 누구도 자유롭지 못하기에
연금을 포기하는 것과 같은 것은 꿈도 꾸지
못합니다.

그러니 대통령인 그 한 사람이 모범을
보여주면 국민의 지지율은 단번에 껑충
뜁니다. 이렇게 자신을 받들어 준 국민의힘을
위해서 모범을 보여주지 못하고 대통령이
혼자 가려 할 때에 바로 아래에서
대통령의 에너지를 받아서 성장하고 싶은
자들이 돌아서서 사냥개로 돌변합니다.
내려오는 에너지를 기대하고
올렸는데 내려오는 에너지가 없으니
방향을 돌려서 거꾸로 공격합니다.

자신들이 키운 대통령을 잡아먹는 것이니
이런 현상이 노무현 박근혜 전 대통령의
탄핵사건으로 나왔던 것이지요.

2023.01.31./서경례/아래를 돌아봐야 하는 원리

# Looking at the Daejang-dong Criminal Case(54/62)

The reason why the people appoint a leader is to provide all goods, raise honor, and give power to the people so that they can live well.

The president is not made to think about whether the general public can receive even a small amount of money, as it is now.

Let's do some thinking.

An enormous amount of money is spent for that one president, and after accumulating such experience, he comes out and starts educating the people, giving lectures, and writing books.

If you make a high contribution, your life is maintained.

Former US Secretary of State Pompeo also wrote about his experiences.

If a famous president publishes or gives a lecture, people are willing to pay for it, even if the content is not the best.

There are so many things that can be done with such a good experience if you want to find the truth and only serve the people.

But if you live comfortably, eating on pensions and special subsidies, you become a backroom old man.

It is not a desirable behavior for the person involved or for the people as the people are raising them as useless old people.

The 46-year-old still young French president Macron has no wisdom.

Even so, he proposes to give up the pension. Do you know the reason why our President of the Republic of Korea cannot give up the pension?

Non-presidents cannot influence pension reform because they have no symbolic effect, but the president is different.

On the way to the future, the president must set an example, and if he is able to do so, the people will follow him around when he is finished.

It is ridiculous that the president gets all that much money and the people tighten their belts and shout for less pension.
No one in our party's parliamentarians is free in front of the cash they receive right away, so they can't even dream of giving up their pensions.
So, if that one person, the president, sets an example, the public's approval rating jumps at once.
When the president tries to go alone without being able to set an example for the ruling party that supported him, those who want to grow by receiving the president's energy right below turn around and turn into hunting dogs.
They expect energy to come down and raise it, but since there is no energy coming down from the president, they turn around and attack in reverse.
They eat the president they raised, so this phenomenon came out in the impeachment case of former President Roh Moo-hyun and Park Geun-hye.

2023.01.31./Seo Gyeong-rye/The principle of looking down

# 대장동 사건을 바라보며(55/62)

현실에서 벌어지는 일들은 무엇 하나 우연이 없습니다. 사실이 그러하니 지난 시절에 탄핵을 주고받고 한 것도 원인이 있었던 것이지요. 단순히 돈을 챙겼느니 아니니라는 문제가 아니고 바로 아래 단계로 국민적인 에너지를 내려 주는 모범이 필요했던 것이고, 이것은 고집을 꺾어야 하는 생각의 문제라는 것이니 이런 뼈를 깎는 가치 있는 생각이 없었던 것입니다.

친구님들은 이러한 원리를 이해하고 과거의 사람들에 대한 집착에서 벗어나야 미래로 전진할 수 있고, 몰라서 누군가를 성토하는 현실에서 벗어날 수 있습니다.
현재의 대통령은 진행 중인 것이고 이왕에 우리가 만들었다면 그분부터 바르게 길을 찾아가도록 밑에서부터 지혜를 모으는 것이 최고로 국민이 미래로 전진하기 빠릅니다.

민주당의 사법적인 문제도 그렇게 상쇄시키는 방법이 지혜롭고 지금처럼 강대 강으로 밀어붙이는 것은 옳지 못하고 무지하다는 증거가 됩니다. 그렇게 3년의 유예기간을 만들고 그 사이에 통일 방안과 중재안을 국민인 필자가 지혜로서 민주당을 도울 수 있고 민주당은 국민의힘에게 건네서 대통령께 올리고 함께 힘을 합해야 위대한 정치적인 결과물이 파생됩니다.

행안부 장관을 민주당 측 인사로 받아서 끌어안고 다시 연금도 포기하겠다고 마이크에다 대고 대통령의 특별보조금과 연금을 없애는 법안을 국회에 공개적으로 요청을 하십시오.

국민이 그것을 다 볼 테니 싫어할 수가 있을까요? 그렇게 대통령이 자신의 연금부터 개혁해야만 긍정적으로 반응을 합니다. 민주당과 그 정도까지 간다면 어느 정도 신뢰를 형성할 수 있을 것입니다.
여기서 한 단계 더 나아갑시다.

2023.01.31./서경례/민주당의 고민 해결과 대통령의 연금 포기

# Looking at the Daejang-dong Criminal Case(55/62)

Nothing that happens in real life is a coincidence.
Indeed, there was a cause for exchanging impeachments in the past.
It was not simply a question of whether or not money was taken, but an example was needed to direct the national energy to the next level.
This is a matter of thinking that requires stubbornness, so there was no thought worthy of cutting bones like this.
Friends, you can move forward only when you understand this principle and get rid of your attachment to the people of the past.
The current president is in progress, and if we have made it, it is wisest to gather wisdom from below to find the right path.
The way to offset the Democratic Party's judicial problems is wise, and it is not right to push through force like now.

In this way, a three-year grace period is created, and in the meantime, the unification plan and mediation plan can be helped by the Democratic Party as a citizen.
The Democratic Party should hand over the power of the people to the president and join forces to achieve great political results.
Receive the Minister of Public Administration and Security as the Democratic Party's candidate, embrace it, and openly request a bill to the National Assembly, saying that you will give up your pension again, into the microphone.
The people will see it all, so can they hate it?
If you go that far with the Democratic Party, you will be able to build some trust.
Let's go one step further here.

2023.01.31./Seo Gyeong-rye/Democratic Party's troubles and the president's pension waiver

# 준비된 나라

전 세계에서 인재가
준비된 나라는
대한민국밖에 없습니다.

유대인은 경제력이
준비된 민족입니다.
인재들이 움직여야
경제가 움직입니다.

경제인과 지식인은
쌍두마차처럼 하나로
움직여야 하지요.

전 세계가 이토록
난민 기아 갈등 등
정점에 있습니다.

사람이 기획을 해야 다음으로
재력이 그의 제 빛을 냅니다만
대한민국 인재들이
아직도 잠만 자기에
그것을 깨우고 있는 중입니다.

일어나라. 대한민국 지식인들
어여어여 일어나라.

2021.08.07./서경례/대한민국은 인재 준비했음

**임길명**  진리를 몰라서 그렇습니다.
배우고 깨우치길.

# Prepared country

Korea is the only country
in the world that has prepared
talented people.

Jews are a nation prepared
for economic power.
The economy moves only
when talented people move.

Economists and intellectuals
must move as one like a
two-headed carriage.

The whole world is at the peak
of refugees, hunger,
and conflicts between regions.

Intellectuals have to plan to solve
this problem, and then Jews shine
their light, but Korean talent is still
sleeping and waking it up.

wake up
Wake up, Korean intellectuals.

2021.08.07./Seo Gyeong-rye/Korea prepared for talented people.

# 대장동 사건을 바라보며(56/62)

대장동 사건이 민감한 돈 문제입니다. 지금은 모든 것이 물질인 돈에 모든 집착이 있습니다. 지금 대북송금 사건도 북한에 피 같은 국민의 고혈을 몰래 주었으니 국민의 입장에서 보면 화가 날 수밖에 없어요.

대장동 사건도 결국은 일부의 사람이 피같은 국민의 재산을 그들만의 재산으로 축적하려 했던 것이니 경제문제가 초미의 관심사로 떠오르는 지금의 경제 상황에서 민주당의 약점이 거기에 있습니다.

그러나 이것은 시간이 지나면 어느 순간 국민의힘의 약점이 될 수도 있습니다. 경제문제를 풀지 못한다면 나중엔 결국 대통령과 여당이 모든 원망을 들어야 하는 엄중한 책임을 가지고 있기 때문입니다. 여당 대표들이 자꾸만 과거의 민주당의 실책을 탓하는 것은 잘못된 것이고 그 자체로 무능력의 증거가 됩니다.

경제문제 노동문제 연금문제 등을 풀지 못해서 그것을 풀라고 권한을 바꾸어 준 것인데 그 문제를 해결하지 못하고 딴소리를 하고 있는 것이기에 그렇습니다.

돈이라는 에너지가 결국은 국민의 고혈이고 노동자들이 노동을 해서 벌어들였던 것인데 그것을 어찌 쓰느냐가 참으로 중요한 문제가 됩니다. 국민을 위해서 쓸 때에만 무탈합니다.

대통령은 연금개혁과 노동개혁을 하겠다고 했습니다. 이것은 돈 문제와 연결이 되는데 국민의 양보를 요구하고 나서는 것입니다. 주휴수당을 없애고 노동시간과 최저임금제의 신축 적용 등의 문제는 반드시 다시 손을 볼 필요가 절실하지만 여기서도 대통령의 상징적인 전환이 필요합니다.

[국민 여러분 제가 일하는 데에 필요한 모든 자금은 여러분이 주시니 대통령이 받는 급여는 저한테는 필요하지 않습니다.] 라고

기자회견을 하십시오.
(대통령의 급여를 없애도 일하는 데에 필요한 모든 비용은 아낌없이 지원하고 개인적으로 필요한 비용은 대통령이 생을 마감할 때까지 사용할 수 있는 카드를 주면 생활하는 데에는 전혀 문제없음)

지금까지는 없었던 메시지 (대통령의 연금 포기 급여 포기)가 나오는 것이니 그것은 반드시 뉴스에서 많은 사건들을 덮어버립니다.

대장동 사건도 덮어지고 이태원 참사에 대한 보도도 없어지고 대북송금 사건도 관심이 없어집니다. 그리 메시지를 던지고 노동자층과 가까운 민주당의 고민을 풀어주고 대통령 자신부터 획기적인 전환점을 만들고 노동개혁을 시작한다면 민주당도 국민도 희망을 봅니다.

그동안 왜곡되었던 노동시장의 문제에 대해서 서로가 화합해서 무리 없이 수용합니다.

2023.02.02./서경례/대통령의 급여도 모범을

# Looking at the Daejang-dong Criminal Case(56/62)

The Daejang-dong criminal case is a sensitive money issue. Now, human beings are all obsessed with material things, money. In the case of remittance to North Korea, the people have no choice but to be angry because they secretly gave bloody people's money to North Korea.
The Daejang-dong incident was also an attempt to accumulate the people's property into their own property, so now that economic issues are emerging as a major concern, it becomes a weakness of the Democratic Party.

However, this could become the ruling party's weakness at some point over time. This is because the President has the solemn responsibility to listen to all resentments if the economic problem cannot be resolved.It is wrong for the ruling party to keep blaming the Democratic Party for its mistakes in the past, and that itself is evidence of incompetence.
The energy called money is ultimately what workers earned through their labor, and how to use it becomes a very important issue.

It is safe only when the national economy is used for the sake of the people.

The president said he would carry out pension reform and labor reform.
This is connected to the money issue, and it is asking for concessions from the people. Issues such as the elimination of weekly allowances and the flexible application of the minimum wage system and working hours are desperately needed to be revisited, but a symbolic transition by the president is also required here.
[Fellow citizens, you give me all the funds I need to work, so I don't need the president's salary.] give a press conference

(Even if the president's salary is removed, all expenses necessary for work are generously supported and personal expenses are provided with a card that can be used until the end of the president's life, so there is no problem with the president's life)

It's a message that hasn't been there before (President's waiver of pension waivers), which overshadows a lot of events in the news.

Throw a message like that, solve the Democratic Party's worries, and start with the president himself.
If we make a groundbreaking turning point and start labor reform, both the Democratic Party and the people see hope.
Regarding the problems of the labor market that have been distorted in the meantime, we are In harmony with each other and accept it without difficulty.

2023.02.02./Seo Kyung-rye
/The president's salary also sets an example.

# 대장동 사건을 바라보며(57/62)

대통령이 자신의 금전적인 이익인 연금과 급여까지 없애는 법안을 통과시켜 달라고 기자회견을 통해서 공개적으로 밝힌다면 이것에 대해서 국민의 공감대는 사실 대단히 큽니다.

노동자들이 다시 한번 자신의 그간의 욕심을 돌아보는 계기로 삼을 수가 있습니다.
지금은 정치인들 하는 것을 보고 똑같이 배워서 그들 세계에서도 서로 권력을 차지하려 난리가 났어요.
부패하고 탁한 현상들은 러시아 군부만 그런 것이 아니고 우리들의 생활 속에서도 깊숙이 스며들어 있습니다.

사법 리스크를 원만하게 안심시키는 조치를 여당의 제안으로 서로 화합해서 우선 취한 민주당도 개혁에 협조하려고 애를 씁니다.

미래는 신용사회가 되니 현금 받는 원시적 모습이 없어지는 것이고 대통령이 일하는데 필요한 모든 비용은 지금도 국민이 전부 지불하니 대통령이 당당하게 필요한 모든 비용은 요청할 수 있습니다.
또 개인적으로 필요한 돈은 홀로그램이 부착된 카드 하나만 있으면 문제가 되지 않아요. 지금도 카드 하나만 들고 다니면 어디든 갈 수 있음이니 대통령의 급여를 없앤다고 해도 죽지 않습니다.

크게 사회의 변화를 대통령이 바란다면 그래서 자신의 입으로 연금개혁을 외쳤다면 자신의 연금과 특별보조금부터 없애야 말이 되는 것이고 노동 개혁을 외쳤다면 자신의 급여부터 없애고 개혁을 시작해야만 비로소 합당한 명분이 세워집니다.
지금처럼 국민의 피 같은 혈세를 대통령 마치고 나서도 가장 많이 흡입하는 상태에서 국민의 협조를 바라는 것은 할 짓이 아닙니다.

마지막으로 하나 더 점검할 것이 있습니다.
대통령이 법적으로는 분명히 한 사람인데 실질적인 대통령이 2명이네요. 부인도 똑같이 그런 혜택과 권력을 가지고 있습니다.
페북에서 필자가 본 내용인데 지난번의
영부인한테는 '돼지'라고 국민의힘
지지자들이 놀리는 것을 보았습니다.
그런데 현재 영부인한테는 민주당
지지자들이 '포르노'라고 놀리지를 않나
심지어는 '영부인 놀이'를 한다고 민주당
국회의원들이 공개적으로 성토를 합니다.
왜 그럴까?
도대체 왜 그럴까?
국민은 도대체 왜 그들을 이토록
비난하는 것일까?
캄보디아에서 촬영한 영부인의 영상이나
사진을 포르노라고 놀리는 민주당 지지자나
국회의원들은 외계인인가?
아니면 나쁜 사람들일까?

2023.02.04./서경례/도대체 왜 포르노일까?

# Looking at the Daejang-dong Criminal Case (57/62)

If the president publicly announces that he wants to get rid of pensions and salaries, which are his financial interests, the public's consensus is very great.
It can be used as an opportunity for workers to look back on their past greed once again. The Democratic Party, which took the first step by harmonizing with each other to reassure the Democratic Party of its judicial risk, is also trying to cooperate.

The future will become a credit society, so the primitive form of receiving cash will disappear, and all expenses necessary for the president to work are still paid by the people, so the president can request all necessary expenses.
Also, personal money is not a problem as long as there is a card with a hologram attached.

Even now, I can go anywhere with just one card, so I won't die even if I get rid of the president's salary.
If the president wants change in society, so if he shouted for pension reform, then a reasonable justification can be established only when he gets rid of his own pension and salary and starts reforming.

It is wrong to ask for the cooperation of the people while receiving a pension even after the president is over, as it is now.

One last thing to check.
The president is clearly one person in law, and his wife has the same benefits and powers.
Even on Facebook, I saw people teasing the last First Lady by calling her a "pig."
However, the current first lady is not

teased by Democratic Party supporters as 'pornography', or even the Democratic Party lawmakers openly criticize that she is playing 'first lady'.

Why?
Why the hell is that?
Why the hell do people hate and criticize them so much?
Are the Democratic Party supporters and lawmakers making fun of videos and photos of the first lady filmed in Cambodia as pornography, stupid?
Are you an alien?
Or are they bad people?

2023.02.04./Seo Gyeong-rye/Why the hell do they disparage?

# 대장동 사건을 바라보며(58/62)

지난 12월 한국리서치 등이 국민의 지지도를 조사했더니 대통령의 국정 지지도가 34% 못하고 있다는 의견이 56% 국민의힘 지지율이 32% 민주당 지지율이 28%입니다.
여론의 조사가 오차가 있을 것이고 여러 요인이 상존하겠지만 어찌 되었든 누구도 안정적인 국민의 지지를 받지 못하는 것은 분명합니다.

참 이상하지요?
민주당의 대표가 대장동 사건과 저리 연결이 되어 있는데 그래서 저토록 많은 수사를 하고 있음에도 이상하게 민주당의 지지도가 아주 낮아진 것도 아니고 여당인 국민의힘의 지지도가 크게 높아지지도 않습니다.

그토록 매일같이 광고 효과를 보고 있으면서 또 단순한 무조건 지지자들을 확보하고 국민의 혈세를 물 쓰듯 쓰고 있음에도 2022년 12월 양당의 성적표는 지지하는 정당이 없다는 사람들이 33%이니

면밀히 조사하면 이 수치는 더욱 늘어나 선명하게 다가올 것이고 국민이 정치인들을 얼마나 불신하고 있음이 드러납니다.
또한 대한민국을 어찌하면 살릴 수 있는지에 대해서는 일언반구도 없는 상태에서 여당의 당대표를 욕심내느라 서로를 탓하면서 국민 앞에 자신들의 무지함을 드러내고 있습니다.

중도 지식인이 지향하는 정당은 없고 이리 가다간 대통령과 300명 국회의원 모두 사임하라는 불신임 사태가 날 판입니다.
설상가상으로 대통령 부인이 캄보디아의 아픈 어린이 하나를 안고 오드리 헵번 흉내를 내니 이를 두고 포르노라는 소리를 듣는 형국이고 '영부인 놀음'을 한다는 소리가 나옵니다.

이것이 작금의 현실입니다. 우리는 현실을 직시해야 하는 것이고 모든 것에는 이유가 있는 것이니 그 이유를 모르고서는 단 한 발짝도 전진하지 못합니다.

대한민국에서 아픈 어린이를 도와주고 싶지 않은 사람이 누가 있을까요?
여러분도 마음속으로 선행을 베풀고 싶은 간절함이 있습니다.

소말리아에서 어린이들과 함께하는 사진이 공감대를 일으킬 수 있었던 오드리 헵번이 살던 과거의 옛날이 지금은 아닙니다.
우리는 지적으로 깨어나 사람답게 서로를 위해 살아야 하는 2023년 첨단 시대에 살고 있습니다.
대한민국의 대통령 부인이라면 아픈 어린이 하나를 보면서 그것을 통해서 대한민국이 어떻게 이러한 문제를 근본적으로 풀어가야 하는지에 대해서 피를 토하듯 지적인 고민을 했어야 함에도 불구하고 지금도 우크라이나에서 어린이를 포함한 많은 이들이 참혹하게 죽어가고 있는데 그런 인류 전체의 고통을 보지 못하고 덜렁 그 한 명을 고쳐주었다는 우수꽝스러운 홍보물을 내보내고 있으니 이것이 지적인 빈곤함이 발가벗겨진 포르노가 아니고 무엇이란 말입니까?
기아인구가 늘어나는 비율을 보라고요.
아픈 자들이 빠르게 늘어나는 통계자료를 직시해 보자고요. 미국의 홈리스와 난민이 빠르게 늘어나고 한국도 노숙자들이 생겨나고 있습니다.

당장에 대한민국 국민의 갈등의 골이 깊어 가고 난방비며 각종 물가며 이자 감당이 국민의 삶을 멍들게 하고 있는데 대통령 부인이 자신의 연애담을 비싼 밥을 먹으면서 얘기하고 있었다면 영부인 놀음이 아니고 무엇이란 말입니까?

2023.02.05./서경례/지적으로 생각해야

# Looking at the Daejang-dong Criminal Case(58/62)

Last December, Hankook Research and others surveyed the public's approval rating, and the opinion that the president's support for state affairs is 34% is 56%, the approval rate for the ruling party is 32%, and the approval rate for the Democratic Party is 28%. Are the results really weird?
The representative of the Democratic Party is so connected to the Daejang-dong incident, so even though it can cause so much public anger, strangely, the support of the ruling party does not increase significantly.

While seeing the effect of advertising so daily, the report card for both parties in December 2022 is 33% of people who say they do not support a political party, so if you closely examine it, this number will increase further. This is a figure that shows how much the public distrusts politicians.

In addition, in a state where there is no hemisphere about how to save the Republic of Korea, they are revealing their ignorance in front of the people, blaming each other for being greedy for the party representative of the ruling party. To make matters worse, the president's wife pretends to be Audrey Hepburn while holding a sick child in Cambodia. It is a form of listening to the sound of pornography over this, and the sound of 'playing with the first lady' comes from the Democratic Party.

This is the current reality. We have to face reality and everything has a reason, so we can't move forward without knowing the reason. Who in Korea doesn't want to help a sick child? You too have a desire to do good in your heart. This is not the old days of Audrey Hepburn, whose photos with children in Somalia could resonate.
If you are the president's wife, you should

have intellectually thought about how the Republic of Korea should fundamentally solve these problems while watching a sick child. Even now, many people are dying horribly in Ukraine. They are sending out ludicrous advertisements claiming that they have only cured one person without seeing the suffering of the entire human race, so what is this but intellectual poverty naked pornography?

Look at the percentage increase in the number of people who are hungry. Let's face the statistic of the rapidly growing number of sick people. Korea is also starting to have homeless people.

Right now, the goal of conflict among the people of the Republic of Korea is deepening, and heating bills, various prices, and paying interest are bruising the lives of the people. But if the president's wife was talking about her love story while eating her expensive meal, what is this if not an ignorant first lady game?

2023.02.05./Seo Gyeong-rye/Think intelligently

# 대장동 사건을 바라보며(59/62)

대통령의 부인은 대통령과 같은 지위에 있어서 외교 순방 때에도 국민의 세금으로 같이 갑니다. 대통령이 실질적으로는 2명인 셈입니다. 대통령 부인을 가리켜서 '영부인'이라고 합니다. 바르게 지혜를 쓰는 지적인 영부인은 대한민국의 國母가 됩니다.

"국모"
"나라의 어머니"
아무리 국회의원 300명이 헤매고 있는 것이 현실이라고 해도 지금 진짜 국모가 한 사람만 있어도 대한민국은 전진합니다. 그런데 지금은 대한민국이 표류하고 있습니다. 국모가 없습니다. 필자가 지금의 혼란은 여성과 지식인의 책임이 크다고 드린 적이 있습니다.

대통령 부인이 식사 자리에서 많은 부인들과 얘기를 나눌 때에는 어떤 내용이 오고 가야 하겠습니까? 지금처럼 지구촌이 위기를 맞고 있는 시점에 말입니다. 그 귀한 자리에서 가볍게 노닥거릴 때에 하는 얘기들을 한다면 그토록 비싼 세금을 대주는 국민은 그것을 어찌 바라보아야만 하는가?

내 자식의 고통을 통해서 인류의 고통을 보지 못하는 어느 법무부 장관의 모습이 씁쓸함을 남기듯이 어린아이 한 명의 고통을 통해서 인류의 고통을 바르게 진단하지 못하는 사람을 보는 국민의 마음은 착잡합니다.

모름지기 국모는 국모의 품격이 있어야 하는 것이니 우리 대통령 부인께서 국모의 품격인지 아님 그냥 멋이나 부리면서 오드리 헵번 흉내를 내는 일반인인지를 생각해야 할 때입니다.

우리가 경험했었던 어머니의 모습을 볼까요 자식들에게 모든 것을 아낌없이 주고 자신은 허름한 것을 마다하지 않았던 우리들의 어머니를 기억하시는지요?

2023.02.05./서경례/나라의 어머니가 되어야

# Looking at the Daejang-dong Criminal Case (59/62)

The president's wife is in the same position as the president, so even when the president is on a diplomatic tour, she goes with the people's tax money. There are actually two presidents. The president's wife is referred to as the 'first lady'. An intelligent first lady who uses her wisdom correctly will become the national mother of the Republic of Korea.
"National Mother"
"Mother of the Nation"
No matter how much it is true that 300 members of the National Assembly are wandering around, the Republic of Korea will advance even if there is only one real national mother. But now there is no national mother. When the president's wife talks to the many wives at her dinner table, what should come and go?
At a time when the global village is facing a crisis like now.

If we talk about general gossip, how should the people who pay such high taxes look at it? Just as the appearance of a minister who cannot see the suffering of mankind through the suffering of his own children leaves a bitter feeling, the people are confused when they see a person who
cannot diagnose the suffering of mankind through the suffering of a child.

A mother-in-law must have the dignity of a mother-in-law, so let's look at the mother we have experienced!
Do you remember our mothers who generously gave everything to their children and did not mind being shabby?

2023.02.05./Seo Gyeong-rye/Become the mother of the country

# 대장동 사건을 바라보며(60/62)

## 여성 상위시대

여성 상위시대라는 말이 생긴 것은 지금처럼 여성들이 허영과 물질에 눈을 뜨라는 의미가 아니고 여성이 지혜를 발휘해서 남성들이 정체되었을 때에 앞장 서라는 의미가 포함되어 있습니다. 미래는 물리적인 힘이 주도해야 하는 것이 아니고, 지식을 축적한 후에 그것을 사회를 위해서 쓸 수 있도록 지혜를 갖춘 철학자가 되어서 지혜롭게 사회의 어머니 역할을 하라는 것입니다.

그런데 우리의 대한민국 여성들이 연구를 할 수 있을 정도의 지적인 상태가 아니고, 물질적인 욕망으로 전부 공주놀이 영부인 놀이 등으로 건달이 되어있는 형국입니다. 최고의 환경을 가졌으면 그에 합당하게 최고의 메시지를 내놓아야 하는 것이 진리이고 국모의 자리에 앉았으면 갈 곳 몰라 방황하는 국민의 나아갈 길을 밝혀 주어야만 합니다. 노동자가 그 일을 못하니 영부인이 그런 역할을 하라는 것이지요.

지금은 위기가 맞아요.
그러니 지금이라도 정신을 차리고 문제 해결을 위해서 연구해 봅시다.
대통령 부인께서 불쌍한 어린이들을 돕고 싶은 모양입니다. 맞지요?
민주당의 지지자들은 의심할 수 있겠으나 필자는 그 진심을 추호도 의심하지 않습니다.

진실로 말하면 영부인께서는 캄보디아에서 아픈 어린이 그 한 명의 고통을 보고는 입을 닫고 한국으로 왔어야만 합니다.

그렇지만 몰라서 그리하지 못했습니다. 그렇다면 지금이라도 진심으로 사회의 어린이를 돕고 싶다면 자신의 전 재산을 한 푼도 빠짐없이 모두 국민의힘을 통해서 전달하되

민주당에서 연구해서 대안을 제시해 주시기를 간절히 바란다고 민주당을 존중하면서 연구비로 모두 내놓겠다고 기자회견을 하세요.

2023.02.05./서경례/진심이라면 모든 것을

# Looking at the Daejang-dong Criminal Case(60/62)

## the age of women

The emergence of the term "women's top era" does not mean that women should open their eyes to vanity and substance. It includes the meaning that women should exercise their wisdom and take the lead when men are stagnant.

However, our women are not in an intellectual state to be able to do research, and the desire to be good is all materially knave.
It is true that if you have the best environment, you must put out the best message appropriately.
Also, if you sit in the seat of the mother of the nation, you must shed light on the way forward for the people who are wandering because they don't know where to go. Since workers can't do that, the first lady should do that.

The crisis is right now.
So let's wake up now and study to solve the problem.
The President's wife seems to want to help poor children.
right?
Democrats may have doubts, but I have no doubts.
Truth be told, the First Lady should have closed her mouth and returned to Korea after seeing the suffering of that one sick child in Cambodia.
Then, if you sincerely want to help the children of society even now, donate all of your property to the Democratic Party for research expenses.
Hold a press conference saying that you will give all of them as research funds, saying that you sincerely hope that the Democratic Party will research and present policies.

2023.02.05./Seo Gyeong-rye/If you are sincere, everything

# 사랑하는 이여!

그대가 있어 내가 있습니다.
그것을 우리라고 합니다.

함께 보는 달빛은 풍요롭고,
함께 먹는 음식은 맛있어요.
달빛과 음식도 그러할진대
나누는 진리는 어떻겠습니까?

영혼의 양식을 먹으면
내면을 살찌우고 삶이 깃들고
평화의 에너지가 살아납니다.

영혼의 양식은 에너지라서
보이지는 않는 것이라서
영혼의 눈으로만 느껴지지만
결코 사라지지 않습니다.

보이는 것들이 크게 보이나
때가 되면 사라지는 것인데,
그대와 함께 나누는 것은
영혼에 기록되는 것입니다.
아무리 퍼주어도 샘물처럼
솟아나는 신기한 보물단지.
그런 곳에 지혜도 떠오르고.

2021.07.26./서경례/그대와 나누는 즐거움

| | |
|---|---|
| 임○○ | 좋은 글에 머물다 갑니다. |
| 이○○ | 화수분과도 같은 영혼에 여유로움^^^~~ |
| 임길명 | 함께 같은 글을 읽고 같은 생각을 하고 이야기꽃을 피우니 참 여유롭고 평화로워라. 이곳이 우리가 바라던 그곳 일지도? |
| 서경례 임길명 | 맞습니다. 님께서 바라던 그곳입니다. ㅎㅎ 다른 이들의 존재를 있는 그대로 소중하게 받아들이는 것이 그리 쉬운 것이 아니라서요. |
| 신○○ | 머리도 작으신데 용량은 메가톤급이네 |

# Dear one!

You are there and I am
We call it us.

The moonlight we see together is rich,
Food eaten together is delicious.
So are the moonlight and food.
How about sharing the truth?

Sharing the food of the soul
It nourishes the inside, and life dwells
The energy of peace comes alive.

The food of the soul is immaterial.
because it's invisible
You feel only with your soul's eye
It never goes away.

Things look big It will disappear
in time, sharing with you
It is written in the soul.
No matter how much I spread
like a spring A mysterious treasure
trove that springs up.
That's where wisdom comes in.

2021.07.26./Seo Kyung-Rye/The joy of sharing with you

| | |
|---|---|
| LimOO | I will stay with good writing. |
| OOLee | Relaxing in the soul like a flowerpot^^ |
| Lim Gil-myung | Reading the same article together, thinking the same thing, and making a flower of story, be so relaxed and peaceful. This might be the place we were hoping for! |
| Seo Kyung-Rye Gil-Myung Lim | That's right. This is the place you've been waiting for. Because it's not so easy to accept other people's existence as they are. |
| ShinOO | You have a small head, but the capacity is a megaton. |

# 환경 변화

사회가 너무 급변해서 힘들다. 라고
말씀을 하십니다만 사실은 그리 말하는
지식인이 환경적응력이 너무 뛰어납니다.

무궁화호 기차를 타다가 속도 빠른
KTX나 SRT 나오니 재빨리 갈아타는
이 민첩성이 인류의 지식인한테 있는데
사회가 빠르고 나는 느린가?

진실로 말씀드리면 이 시대 지식인은
받아들이는 속도와 적응력, 두뇌회전이
제일 빠르게 진화되었습니다.

미래 시대를 이끌어 갈 사람들이
새 시대의 지식인들입니다.
그래서 오늘도 자연의 이치를
하나하나 풀어가는 중입니다.

2021.07.27./서경례/나를 알아야 사회를 구하기에

| | |
|---|---|
| 청하<br>서경례 청하 | 스마트폰의 발달이 이처럼 아름다운 소통의 공간이 될 줄 누가 알았으리오.<br>컴퓨터는 인터넷으로 사랑과 평화를 얘기하고 진리를 전달하면서<br>상대방과 서로를 상승시키는 훌륭한 도구로 쓰라고 만들어진 것입니다.<br>지금까지는 광고와 자극적이고 선정적인 내용들, 거친 표현들이<br>난무했었던 것입니다만 SNS의 바람직한 방향 설정도 우리가 선도하는 것입니다. |
| 청하 서경례 | 님에게 지식을 전달받는 것도 SNS의 장족의 발전이 있기에 가능한 것입니다 |

# Environmental change

Society is changing so rapidly that it is difficult for me. But the truth is, intellectuals who say that are very good at adapting to the environment.

Intellectuals of mankind have this agility to change quickly from a slow train to a fast KTX or SRT. Is society fast and I am slow? to tell the truth Intellectuals of this era have evolved the fastest in the speed of acceptance, adaptability, and brain rotation.

People, the people who will lead the age of spirituality, that is, the human knowledge of the cutting-edge age, are the intellectuals of the new age. So today, we are unraveling the laws of nature one by one.

2021.07.27./Seo Kyung-Rye/
Intellectuals are leaders who save society

**Chungha**   Who knew that the development of smartphones would become such a beautiful space for communication.

**Seo Kyung-Rye and Chung-Ha**
Computers talk about love and peace and spread the truth through the Internet It is made to be used as a great tool to elevate each other and each other as you reach. Up until now, there have been advertisements, provocative and sensational content, and harsh expressions, but our intellectuals are leading the way in setting the value of SNS.

**Chungha Seo Kyung-Rye**
Receiving knowledge from you is possible because of the development of social media.

# 대장동 사건을 바라보며(61/62)

[국민 여러분, 지금은 대단히 어려운 시기입니다. 그렇지만 우리는 새로운 시대를 열어가는 주인공이 될 수 있습니다. 그래서 저희 부부부터 모든 것을 새롭게 시작하는 마음으로 인류를 위해서 봉사하고자 각 정당의 대표들과도 대화를 시작하려 하고 또 연구하기 위해서 저의 급여와 연금을 반납하고 지금까지 축적된 모든 재산을 우리 모두의 공동의 연구비로 국민의힘에 내려보내서 쓰겠습니다.
국민의힘은 민주당과 더불어서 새로운 도약을 위한 미래 대안을 창출하고(국민의힘은 공개적으로 민주당에 연구비를 전달해서 민주당이 연구를 주도할 수 있도록 밝혀야 함) 인류의 어린이들과 기아와 병마를 사전에 방지할 수 있도록 근본 원인과 대책을 밝혀 줄 연구성과를 만들어 주십시오]라고 기자회견을 영부인이 해야 합니다.

우리가 자식을 위해 모든 것을 내어주었던 어머니의 에너지를 먹고 자라나듯 국민은 國母가 자신이 가진 모든 것을 내어주는 에너지를 받아 먹어야 그 힘으로 성장합니다. 새로운 지혜는 대통령 부부가 창출할 수 없다해도 그 대신 자신들이 가진 모든 물질을 연구비로 국민의힘에 주고 여당은 민주당에 맡겨서 민주당에서 연구성과를 창출할 수 있도록 멍석을 깔아주고 민주당은 국민인 필자한테 지혜를 받으면 그것이 국회의원 300명의 이름으로 올라가고 대통령의 지지도는 대단히 높아져서 국민의힘 형님들이 힘을 받아 자신감을 찾고 정당의 지지도도 안정적으로 올라가게 됩니다. 지금은 정치인들에 대한 국민의 신뢰가 없습니다. 민주당도 그것을 보면서 성장하고 불안하지 않게 사법적인 부분을 정치적인 결과물을 통해서 정당하게 인정받고 추후 모든 국가의 살림살이를 이어받아 형님격이 됩니다.

나이가 들어가면서 진보지식인에서 들어온 대안들을 정책에 반영하는 보수 형님의 위치로 옮겨가는 것이지요.
국모는 이런 상징적인 계기로 정체된 국가의 물꼬를 트는 역할을 해야 하고 자신이 가진 모든 것을 아낌없이 전부 다 하나도 빠짐없이 아래로 내려 주어야 주가조작 특검이라든가 영부인 놀음을 한다는 소리를 막을 수가 있습니다.

2023.02.06./서경례/지혜로운 국모가 되려면

# Looking at the Daejang-dong Criminal Case(61/62)

[Fellow Koreans, this is a very difficult time. However, we can be the protagonists who open a new era. So, with my husband and I, we are going to start a dialogue with the representatives of each political party in order to serve humanity with the mindset of starting everything anew. In order to do research, I will return my salary and pension, and use all the wealth I have accumulated so far as a common research fund for all of us. The ruling party, along with the Democratic Party, creates future policies for a new leap forward, (The ruling party should openly deliver research funds to the Democratic Party so that the Democratic Party can lead research.) Please create research results that will reveal the root cause and countermeasures to prevent hunger and disease in children of mankind in advance.] Called The press conference should be held by the First Lady.

Just as we grow up eating the energy of a mother who gave her everything for her children, people grow with that power when they eat the energy of her mother giving everything she had.
New wisdom cannot be created by the presidential couple, so instead, they should give all the materials they have to the people's power with research funds, and leave the ruling party to the Democratic Party to lay a mat so that the Democratic Party can create research results.

When the Democratic Party asks for wisdom from me, the people, it is the wisdom of 300 members of the National Assembly. The name goes up and the president's approval rating soars so much that the ruling party finds confidence.
The Democratic Party also grows up watching it and is legitimately recognized through political results in the judicial part without anxiety.
As you get older, you move to a conservative position that reflects alternatives from progressive intellectuals in your policies.
With this symbolic occasion, the national mother should play the role of opening the water for a stagnant nation, and she must bring down everything she has without missing a single one. Only then can we stop the sound of a special prosecutor for stock manipulation or playing with the first lady.

2023.02.06./Seo Gyeong-rye/To be a wise national mother

# 대장동 사건을 바라보며(62/62)

대통령 하나 하다가 모든 것을 다 털렸네!!
라고 할 것이 아니고 대통령 내외가 가진
모든 것과 국민의 사랑과 바꾼 것입니다.

피라미드의 맨 꼭대기에 앉아 있는 사람은
바로 아래를 위해서 순차적으로 에너지를
내려주고 밑에서부터 올라오는 사랑과
존경을 먹고 빛나야만 하는 원리는

상식이 아닌 공정한 진리라서 인류가 끝나는
날까지 영원히 변하지 않는 법임을 여기에
놓아 드립니다.

필자가 지금까지 드린 방법들은 현실적으로
불가능한 것이 없고 고집을 꺾어야 가능하고
생각만 돌리면 가능합니다.

이 대장동 편은 지금까지 인류사에 나와 있는
어떤 정치학 관련 교재보다도 중요한 것이니,

모든 정치인은 이 원리를 명심해야 영광스럽게
이름이 빛나고 국민의 존경을 받는 것이고,
하늘에도 영광을 드리고 우리가 사는 지구촌
땅에는 비로소 평화가 시작됩니다.
통일이라든가 중재안 관련 설명은 민주당의
누군가가 찾아오면 국민의 대표로서 지혜를
드릴 수 있습니다.

어둠을 뚫고 새벽을 맞이하기 위해서는
진통을 겪어야만 했던 것이니 우리가
함께 극복하려고 생각한다면 누구도 적이
아니고 우리 국민이 됩니다.

우리는 모두 불완전한 존재이고 서로를
위해 살아야만 하는 고로 지난날의 부족
했던 모든 실수를 한 번쯤은 대통합한다는
생각으로 은총을 베푸는 구세주가 되기를
간절히 바랍니다.
읽어주신 친구님들 감사합니다.

2023.02.06./서경례/구세주가 되는 순간들

# Looking at the Daejang-dong Criminal Case(62/62)

I was robbed of everything while doing one president!!
It is not something to say, but it was exchanged everything the President and his wife had for the love of the people.
The person at the top of the pyramid must radiate energy for those below and shine with love and respect rising from below. This principle is a fair truth, not common sense, so I will put it here that it will not change forever until the end of mankind.
None of the methods I have given so far are realistically impossible, and it is possible only if you overcome your stubbornness and only by turning your thoughts.
This message is more important than any textbook on political science in human history so far, and all politicians must keep this principle in mind so that their name will shine gloriously.
As for the explanation of unification and mediation, if someone from the Democratic Party comes to us, we can give you wisdom as a representative of the people.

In order to break through the darkness and greet the dawn, we had to go through labor pains, so if we think of overcoming it together, no one is our enemy.

Since we are all imperfect beings and have to live for each other, we earnestly hope that we will become the savior who bestows grace with the idea of integrating all the mistakes of the past at least once.

2023.02.06./Seo Gyeong-rye/The moments of being a savior

# 지식인 수난시대

정치가든 교수 등
지식인 한 사람을 키우려면
국민 고혈이 얼마나 많이 쓰일까요?

보십시오!
예컨대 범죄심리학자나 유능한
법무부 장관이나 또는 유명한
검찰총장 또는 판사 한 명 키우려면
연습시키고 공부시켜야 할 것
아니겠습니까?
살아있는 교과서로요.

달달 암기한 것만 가지고는
사회문제는 못 풀기 때문에,
서울대를 나와도 다시 또
사회의 복잡한 문제를
공부시키려고,

한쪽에선 열심히 공부 거리를
만들었습니다. 각종 사기꾼도
다양하게 살인자들도 그냥 종류별로
아동 학대 사건도 만들고

정치적인 사건들도 만들고
나중에 쓰임새가 있었기에 그렇게
실컷 공부시켜 놓았더니
사람들을 바르게 이끌지 않고
스스로 똑똑한 줄 딴짓하면
언제까지 국민이 참고만 있을 것인가!

그렇지는 않습니다.
때가 지나면 우리 모두가
고통을 겪을테니 그런 순간이
오기 전에 문제를 풀어야 합니다.

필요한 지식인이 보이지 않으니
필요한 지식인이 나올 때까지
우리가 무지를 깨우치도록
도와야 하는 이유입니다.

2021.07.22./서경례/지식인 한 사람이 나오려면

○○Jeon  아름다운 여인께서는 순간순간 아름다운 지혜로운 생각을 자꾸자꾸 만들어 내시는구려. 정말 좋은 글입니다. 참 좋은 글 고맙습니다. 감사합니다.

# 지식인

앞세대는 자기의 역할을 다했으나,
지금의 지식인인 기득권 세력들은
그들이 누린 환경에 비해서 봉사를
한 적이 없었습니다.

이러한 정치인, 법조인, 전문직들
의사들 각종 박사 학위자들부터
대기업을 졸업한 퇴직자들은
유심히 기억을 되돌려 회상하면 결코
거칠게 살았던 것이 아니고,
정보를 받으면서 지적인 과정을 거쳐
지금의 자리까지 왔던 것입니다.
이들을 지식인이라고 합니다.

이들이 깨달아서 사회에 기여를 해야
인류 사회가 다음 단계로 도약을 합니다.
대기업에서 항상 인재를 찾아서 헤매고
CEO를 찾았던 것은 바로 깨달은 지식인을
찾았던 것이고, 그들의 연구물인 대안을
제시하라는 의미입니다.

2021.07.28 /서경례/대기업이 CEO를 찾는 이유

# Intellectual

The previous generation did their part.
However, compared to the environment they enjoyed,
the established powers, who are now intellectuals,
have never served.

These politicians, lawyers, professionals,
various doctorates, and retirees graduating
from large corporations did not live a rough life
if they carefully recalled their memories.
They received information and went through
an intellectual process to get to where they are today.
They are called intellectuals.

Human society can take a leap to the next level
only when they realize that they live a public life.
Conglomerates have always been looking for
talented people and looking for CEOs,
which means they are looking for
enlightened intellectuals and presenting their research.

2021.07.28./Seo Kyung-Rye/Why large companies are looking for CEOs

# 존중에 대하여

존중은 윗사람이 아랫사람을 대할 때에
인격적으로 상대를 대하는 것입니다.
윗사람은 가진 경제적 재물이 많은가
권위가 있든가, 아니면 지식이 많든가
아니면 인사권을 가지든가 아무튼
상위의 무엇인가를 가지고 있습니다.

아랫사람은 상대로부터 받기 위해서
인연이 만들어집니다. 이렇게 고리처럼
만들어진 인연 중에서 일단은 윗사람이
무언가를 자연스럽게 내려주어야 하고,
내려주어야 그 책임을 다하는 것이니
결코 특별하게 내세울 것이 아닙니다.

그러니 자녀이든 부하이든 학생이든
직장 후배이든 할 것 없이 윗사람은
아랫사람을 대할 때에 부족한 그들을
존중하면서, 윗사람의 본분이 그 역할
이라는 것을 안다면 이들과의 인연을
감사하게 여기게 됩니다.

아랫사람은 필연적으로 부족함을 더 많이
가지고 있습니다. 그리고 축적된 질량이
작기 때문에 생각의 크기나 씀씀이나 삶의
규모나 모든 것이 작게 마련입니다.

빨리 알아듣고, 빨리 깨우치는 부류가 있고,
아무리 말해도 못 알아듣는 사람이 있는데,
질적 차이가 너무 벌어지면
알아듣기 어렵습니다.
이해력도 순서가 있고 질서가 있습니다.

비교적 적응력이 뛰어난 것도 재능이고,
재능 같은 사람의 각 소질은 천차만별로
다양합니다. 이런 재능들을 적재적소에 잘
배치하는 것도 실력이 탁월해야 가능합니다.

2021.07.31./서경례/존중 없이 존경은 없습니다.

# About respect

Respect is when superiors treat their subordinates personally.
A superior has a lot of money, authority, or knowledge, or something higher.

A relationship is created for the lower people to receive from the higher ones. Among the bonds made like this, the superior must naturally give something down. It is not something special to put forward, as superiors must give it down to fulfill their responsibilities.

Therefore, regardless of whether it is a child, a subordinate, a student, or a junior in the workplace, superiors must respect those who are lacking when dealing with subordinates. If you know that the duty of a superior is that role, you are happy to have a relationship with them.

Subordinates inevitably have more deficiencies. Because they have a small amount of accumulated mass, they tend to have small thoughts, expenditures, and scale of life.

They appreciate them when they receive from above and admire them as they accumulate. Admire is the love that a subordinate gives to a superior.

There are people who understand what their superiors are saying quickly, and there are people who can't understand no matter how much they say.

Understanding is also orderly. Being relatively adaptable is also a talent. Each aptitude of a person, such as talent, is very different. Placing these talents in the right place is only possible with excellent skills.

2021.07.31./Seo Kyung-Rye/There is no admire without respect.

국민 여러분
대한민국이 지금은 1,000조 빚더미에 앉아 있습니다.
그리고 우크라이나에서는 지금도 피비린내 나는 싸움을 계속하고 있습니다.
이에 필자가 그에 대한 지혜를 드리고자
모든 인류의 국민이 볼 수 있도록 정치학 원리를 풀어 드렸습니다.
인류의 평화는 우리부터 여기부터 시작되는 것이기에
귀한 메시지 드리오니 아무쪼록 모든 정치인은 바르게 흡수하셔서
미래를 열어가는 지혜로 장착하시기 바랍니다.

Folks!
South Korea is now sitting in a 1,000 trillion won pile of debt.
and In Ukraine, bloody fighting continues even now.
In order to give wisdom about it,
I have released the principles of politics for all mankind to see.
I am sending you a precious message because the peace
of mankind begins here and now.
By all means, I hope that all politicians will be equipped
with the wisdom to properly absorb and open the future.